JN192098

感情の問題地図

関屋裕希

「で、どう整える?」
ストレスだらけ、
モヤモヤばかりの
仕事の心理

技術評論社

免責
本書に記載された内容は、情報の提供のみを目的としています。したがって、本書を用いた運用は、必ずお客様自身の責任と判断によって行ってください。これらの情報の運用の結果について、技術評論社および著者はいかなる責任も負いません。

以上の注意事項をご承諾いただいたうえで、本書をご利用願います。これらの注意事項をお読みいただかずに、お問い合わせいただいても、技術評論社および著者は対処しかねます。あらかじめ、ご承知おきください。

商標、登録商標について
本文中に記載されている製品の名称は、一般に関係各社の商標または登録商標です。なお、本文中では ™、® などのマークを省略しています。

はじめに

～「感情的にならない」「感情をなかったことにする」そんな感情との付き合い方は、もったいない！～

「現代はストレス社会」

そんな言葉は、もう聞き飽きたかもしれません。けれど、厚生労働省の調査によると、仕事をしていて強いストレスを感じる人の割合は、約6割！　ここ20年、ずっと横ばい状態です。「ストレス社会だ！」と指摘だけはされるけれど、ストレスを感じる人の割合はいっこうに減っていないのです。

あなたも、次のようなモヤモヤ、感じたことはありませんか？

「まわりの目や評価が気になって、自分らしくふるまえない」
「世の中の変化についていけてない感じがして、不安」
「期限に追われてばかりで、ちっとも気持ちが休まらない」
「一生懸命やっているのに、空回りしているみたい」

「ときどき、なんだかむなしくなる」

「なんとか毎日やっているけど、エネルギーが枯渇状態」

「上司や同僚、顧客にとにかくイライラしてしまう。そして、そんな自分が嫌！」

「うまくやれない・結果を出せない自分がもどかしい」

「働き方改革で制度やツールが変わるけど、正直そんなにかんたんに切り替えられない」

「そこまでつらいこともないけど、思いっきり笑うこともない」

「自分の時間がとれなくて、いつも気持ちに余裕がない」


などなど。

昔は、企画を考える人、資料を作る人、プレゼンする人と、役割分担していたことも、ＩＴ化が進んで、すべて１人でこなさなきゃいけなくなって。どこかでつまずいたら、それだけで「仕事ができない人」扱い。

成果ばかり求められて、プレッシャーは増えていき……時間のゆとりなんて全然ないのに、働き方改革で「早く帰れ！」なんて言われてしまう。

「新しいビルが建った」「新商品が発売された」そんな形に残る仕事はどんどん減って、

達成感も感じにくい。まるで、終点のない電車に乗ってるみたい。

日々、モヤモヤばかりが増えていく。仕事へのやる気も失くなっていくみたい……。


そんな悪循環になっていませんか？

私はストレスマネジメントに関する講演や研修をして、のべ３０００人以上の働く人の声を聴いてきました。その中で、よく耳にした悩みがこれ。


「このモヤモヤがずっと続くかと思うと嫌になる。でも、だれに相談すればいいかも、どうしたらいいかもわからない！」


昔に比べて、メンタルヘルスの対策に取り組む企業は増えています。２０１５年には労働安全衛生法が改正されて、ストレスチェック制度が始まりました。けれど、「働く人が、すっきりイキイキ働けている！」というにはほど遠い状態。

対策する企業は増えたのに、なんでストレス、モヤモヤが減らないのか？

それは、企業がおこなうメンタルヘルス対策が、不調になった人や休職が必要になった病気ゾーンの人向け中心だから。私たちが、ストレスフルな仕事環境の中で働き続けていくには、自分で自分を守る工夫が必要です。

では、どうすれば自分を守れるのか？

そのキーワードは「感情」！　私はそう考えています。冒頭で紹介したモヤモヤの裏には、不安や恐怖、かなしみ、落ち込み、怒りやイライラ、といった感情が隠れています。

今の世の中、電子機器を買えばトリセツがついてきますし、Ｅｘｃｅｌなどはどう使えばいいかを教えてくれる親切でわかりやすいマニュアル本がちゃんとあります。一方で、感情のトリセツは……？　たしかに感情についての本もありますが、それらを見てみると「感情をコントロールする」「感情的にならないために」「ストレスとなる感情を解消する」といったものがほとんど。まるで、感情は悪者扱い。

たしかに、イライラせずにすむならそのほうがいいし、「悲しい気持ちでハッピーだ！」という人はいません。「怒りをコントロールする」「悲しみをなかったことにする」そんな方法を知りたくなるのも無理はありません。でも！　声を大にして言いたい。

「感情は悪くない!!」

心理学の研究で、感情は、私たちが生き延びるために必要で大事な機能だということがわかっています。感情は、味方につければ、私たちのベストパートナーになってくれるのです。ひとたび感情の正体を知ってみると、私たちがどんな状況にいて、どう行動するのがベストかを教えてくれる、頼もしい存在だということに気づくはず。

「感情的にならない」

「感情をなかったことにする」

そんな感情との付き合い方は、もったいない！

本書では、仕事をしていてよく感じる「怒り」「悲しみ」「落ち込み」「不安」の4つの感情を、「味方につける」ことでストレスから自分を守る方法をお伝えします。

だれかを味方につけるには、相手をよく知ることから。これは、感情でも同じです。各章では、それぞれの感情がもつ〝意味〟や〝機能〟を紹介しています。そして、それとセットで、一般には広く知られていないけれど、心理学の世界では効果があると認められている対処法を、かんたんにできるワークの形で載せました。

さらにさらに！　感情にまつわる「モヤモヤ」を地図にしました。モヤモヤしたときに、地図を見て、そのときの自分と近いモヤモヤをたどっていくと、どの感情について知ればいいかがわかるようになっています。

1冊手元に置いていただいて、モヤモヤしたときに、ぱらぱらっとめくってスッキリしてもらえるような本を目指しました。ときには、自分に怒りを向けてくる相手や、落ち込んでいる同僚のことを理解するヒントにもなるかもしれません。

そこまで使いこなせるようになったら、あなたも立派な感情上級者！ モヤモヤだらけの仕事社会で、自分を守るヒントを、感情からもらいにいきましょう！

CONTENTS

はじめに　～「感情的にならない」「感情をなかったことにする」そんな感情との付き合い方は、もったいない！～……3

1丁目　怒り

「嫌いな感情ランキング」の第1位は怒り？……14
怒りは「大事なものが傷つけられている」というサイン……17
この2つはNG！　「攻撃」は関係性に、「我慢」は健康に悪……23
怒りを味方につけるために知っておきたい2つの基本……25
まずは、とにもかくにもクールダウン！　そのための5つの方法……27
大事なものを守るための行動を決めていく4つのステップ……38
関係性を壊すのではなく「つくる」ように怒りを表現する～DESC法……45
「～すべき」という考え方から自分の怒りのツボを知る……55
コラム　「セルフ・コンパッション」で強い感情の裏にある痛みや傷を和らげる……60

2丁目 悲しみ

悲しいとき、人は自分の置かれた状況を俯瞰しにくくなる……64
「大事な何かが失われている」という原因に気づけば、対処しやすくなる……69
取り戻せるなら、行動を！……75
たどるであろう「さようなら」のプロセスをあらかじめ知っておく……77
「涙を流す」のはじつは悲しみを癒やすのに効果的……82
「失ったこと」に意味を見出す5つの方法……88
コラム 感情や気持ちにピンとこない場合は、別のものさしを……94

3丁目 落ち込み

思うようにいかなかったこと以外のことにも自信がなくなり、抜け出せなくなる……100
落ち込みを長びかせ、ネガティブな影響力を増していく「反すう思考」……103

「考えないように」「忘れよう」とすればするほど、かえって思い浮かべてしまう……106
反すう思考に気づくための5つのポイント……108
反すう思考から距離をとる4つの方法……109
反すう思考から現実思考へと戻る5つのワーク……113
「そんなことするなんてありえない！」と思う行動で落ち込みをSTOP……120
落ち込みから抜け出したら、ワンパターン行動からも回復を……124
「立ち向かう——一歩引く」「サポートをもらって——1人で」の4カテゴリで、今できることを考えてみる……126
コラム 「セルフ・ナレーション」でマインドフルネスをかんたんに実践……130

4丁目 不安

なぜ、人は不安になるのか？……136
不安なときに、ついやってしまいがちな3つの行動……138
コラム 「恐怖」と「不安」って違うの？……142

あえて不安をそのまま口に出してみる……145
「わからない」とひとくくりになっていることを3つに分けて書き出す……147
不安が自分の能力や性格に関わる場合は、気持ちをだれかに受け止めてもらう……154
「不安のおかげで、仕事で成果を出せている」と捉えてみる……158
コラム リモートワークでは「妄想」せず、「発信」することが大事……161
おわりに 感情とうまく付き合うための4つのコツ……162

感情の問題地図

BUS

1丁目

怒り

行先

モヤモヤが続く、
ストレスが増える

「嫌いな感情ランキング」の第1位は怒り？

あなた「ご指示いただいた企画書ができたのですが」

上　司「なんだ、この企画書は！　まず、タイトルがダメだろう。コンセプトもわかりにくい。それから……」（細かいダメ出しが続く）

⬇「やりたいようにまとめてみろ」って言ったくせに、ダメ出しばっかりしやがって。それなら最初からそう言えばいいじゃないか。俺の時間返せよ！

あなた「……という企画を考えました」

同僚A「このターゲット層でうまくいくかなぁ？」

同僚B「他社の製品の分析も甘い気がするけど」

同僚C「コンセプトも、もっと練らないとダメじゃないか？」

⬇なんでネガティブなことばっか言うんだよ。みんな俺の企画を通したくなくて言ってるだけなんじゃないの?!

あなた「ここまちがってたから、訂正しておいたよ」
若手社員「あ、ほんとですね。これ、課長がギリギリに頼んできたんで」
あなた「……それから、この表現だとクライアントに失礼になるから、こっちの表現にしたほうがいいと思うけれど」
若手社員「はーい。でも、それって場合によりますよね。」
⬇いっつも言いわけするし、ひと言多いんだよなぁ。だんだん注意するのも嫌になってくる！
上　司「今度、新しいコピー機がくるから、だれかコピー機まわりの整理をしといてくれないかな？　あ、一番席が近くだから、頼むよ」
⬇いっつもいっつも雑用を押しつけて。私だって忙しいのに！　自分の仕事にだってちゃんと時間をかけたい！

職場のイライラ・怒りは、数え上げるとキリがないかもしれません。

「怒り」「イライラ」と聞くと、あなたはどんなイメージが湧きますか？

イヤなことが怒りを生み、怒りがイヤな行動を生み出してしまう

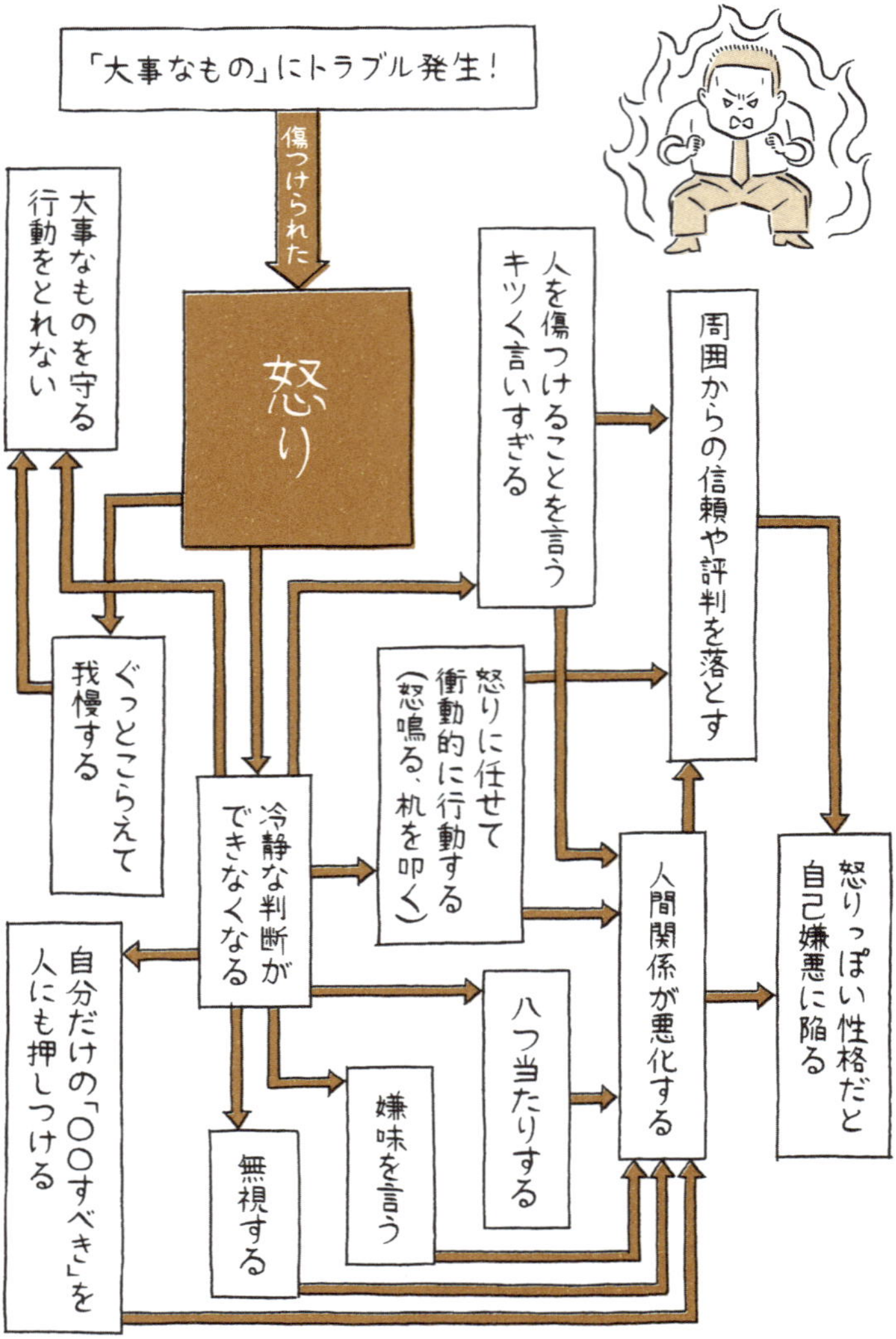

「できればあまり感じたくない」
「自分が怒られるのなんて、もっと勘弁！」

たいていは、ネガティブな回答が返ってきます。「カッとなる」「頭に血がのぼる」なんて表現があるように、冷静に判断できなくなって、怒りに任せて行動して、人間関係を壊したり、まわりからの評判を落としたり。「なんであんなことしちゃったんだ……」と自己嫌悪に陥ることもしばしば。「嫌いな感情ランキング」なんてあったら、怒りは栄えある第1位を獲得してしまいそうです。

怒りは「大事なものが傷つけられている」というサイン

けれど、筆者にとっては、怒りは「感情ってスバラシイ！」と思わせてくれるきっかけになった感情です。なぜかというと、怒りという感情にも、大事な機能があるからです。

怒りの機能。それは

「自分の大事なものが傷つけられている！　守るために行動したほうがいいよ！」

と教えてくれることです。たとえば、友人からプレゼントされた大事にしているかばんにジュースをかけられたら腹が立つけれど、「そろそろ買い換えようかな」と思っていたかばんだったら、そこまで腹は立ちませんよね。大事なものだからこそ、腹が立つのです。

この感情、私たちが森で暮らしていたころには、「命」を守ってくれていました。当時の大事なものといえば、自分の命、家族や群れの命、自分の住んでいるところです。獣に襲われたとき、怒りが危険を知らせてくれ、反撃することで、私たちは生き延びてきたのです。言い換えると、自分の守っている境界線を越えて領域（テリトリー）が侵害されているときに起こる感情ともいえます。

では、今の社会では？　先ほどの例で、どんな大切なものが傷つけられていたか、境界が侵害されていたか、見てみましょう。

・上司が曖昧な指示を出した挙句、企画書に後から細かくダメ出しをしてきた

➡自分が取り組んだ仕事や、それにかかった時間

怒りを引き起こす「大事なもの」リスト

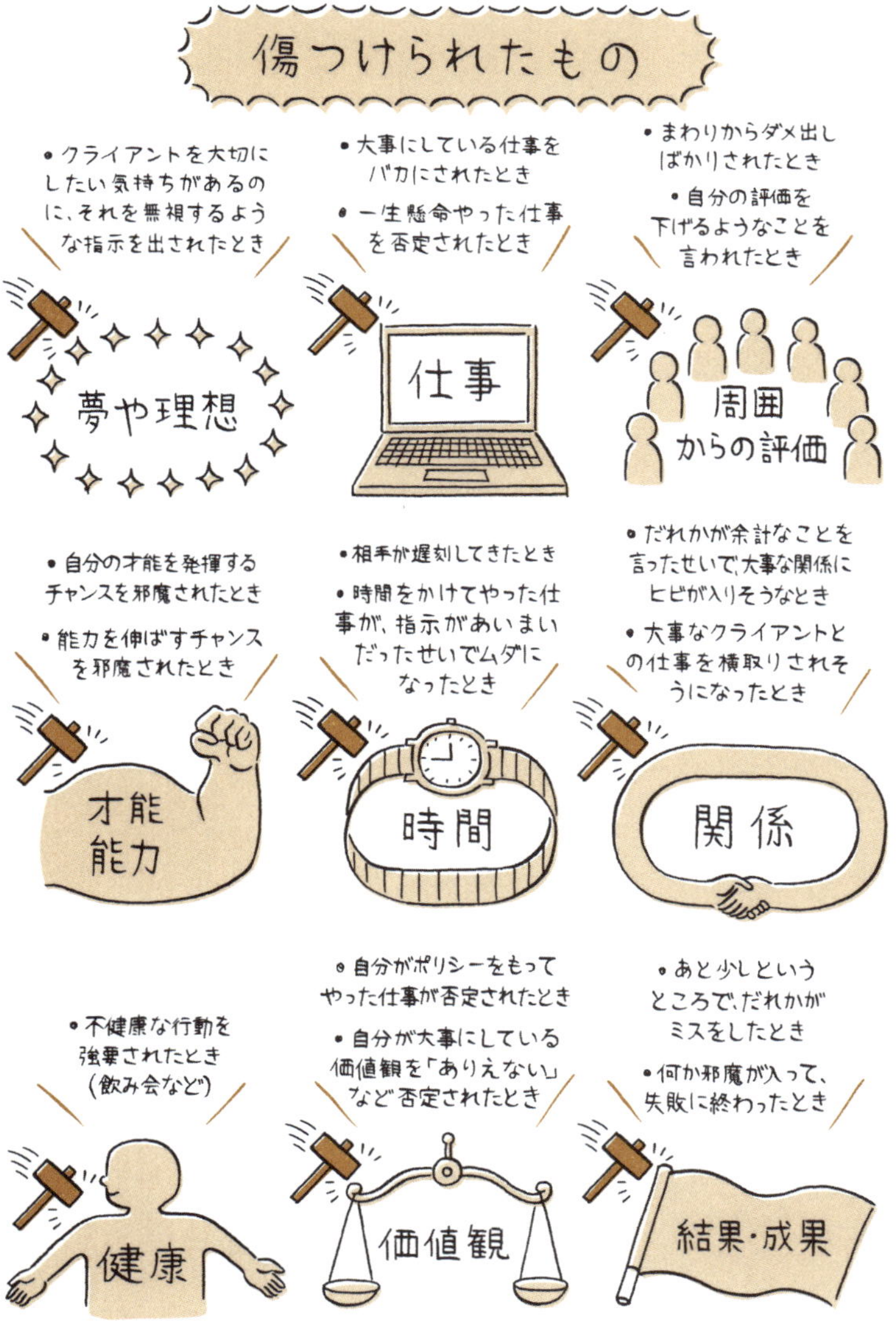
傷つけられたもの
・クライアントを大切にしたい気持ちがあるのに、それを無視するような指示を出されたとき
夢や理想
・大事にしている仕事をバカにされたとき
・一生懸命やった仕事を否定されたとき
仕事
・まわりからダメ出しばかりされたとき
・自分の評価を下げるようなことを言われたとき
周囲からの評価
・自分の才能を発揮するチャンスを邪魔されたとき
・能力を伸ばすチャンスを邪魔されたとき
才能
能力
・相手が遅刻してきたとき
・時間をかけてやった仕事が、指示があいまいだったせいでムダになったとき
時間
・だれかが余計なことを言ったせいで、大事な関係にヒビが入りそうなとき
・大事なクライアントとの仕事を横取りされそうになったとき
関係
・不健康な行動を強要されたとき（飲み会など）
健康
・自分がポリシーをもってやった仕事が否定されたとき
・自分が大事にしている価値観を「ありえない」など否定されたとき
価値観
・あと少しというところで、だれかがミスをしたとき
・何か邪魔が入って、失敗に終わったとき
結果・成果

・同僚から自分の企画に否定的な意見を言われた
⬇自分の大事な企画が通ること

・若手社員がミスしてばかりなのに反省しない
⬇「後輩をちゃんと育てたい」という想い、「新入社員はこうあるべき」という価値観

・コピー機まわりの雑用を頼まれた
⬇自分の仕事にかける時間

こんな「大事なもの」を前のページにまとめました。これらが傷つけられたとき、怒りが出てきます。

怒りには、「不当性」も関係しています。

・正当な評価が得られない
・膨大なタスクをふられるなどの無茶ぶり
・非がないのに責められる

そんな不当さ、理不尽さは、怒りを呼びます。その背景には、私たち人間が集団で生活をしてきたことが関係しています。集団の中には、秩序やルールがあり、それを守ることで生きています。もし、その秩序やルールを破る人がいると、集団全体に危害が及んでしまいます。そうなると、生き延びる可能性がガクッとダウン。自分の属する社会の秩序・ルールというのは生き延びるためには大事なので、ルールにそぐわないことや理不尽なことにも人は怒りを感じるようにできているのです。

怒りは、人間関係と密接に関わる感情ともいえます。人間関係を活かすも殺すも、怒りとのつきあい方次第だからです。森に住んでいたころは、怒りにまかせて、相手に反撃することはよしとされていました。自分や家族を守る賞賛に値する行動だからです。けれど、今の社会の中では、怒りにまかせて行動したり、言いすぎたら……

「あの人、短気だね」
「怒りっぽいね」

そう思われて、信頼が落ちたり、関係が悪くなったり。そんな後悔した経験があるから、

☑ 怒りは大事なものを守っている

どうしてもネガティブなイメージが強くなってしまうのかもしれません。「怒りって、人間関係を壊しちゃう、取り扱い注意な感情だ」と。けれど、怒りの本来の機能は、

「自分の大切なものを守る」
「境界線を引いて、自分の領域を守る」

ことにあるのです。では、その機能をどう発揮させればいいのか？

この2つはNG！「攻撃」は関係性に、「我慢」は健康に悪

どうしたらいいかをお伝えする前に、やってはいけない2つのことを押さえておきましょう。それは、攻撃行動につなげることと、我慢すること！

①攻撃につなげる

怒りを感じたときにやってしまいがちなのは、衝動的に攻撃的なことを言ったり、やっ

たりしてしまうことです。言ってしまった、やってしまったら最後、かんたんには取り返せません。相手との関係にヒビが入るだけでなく、「あんなことを言う人なんだ」とまわりからの信頼や評判を落とすことにもつながります。「言いすぎたな……」「なんであんなことしちゃったんだろう……」と悩み続けることに。

攻撃行動の中には、怒りをぶちまける直接的なやり方だけでなく、「嫌味を言う」「無視する」などの間接的なやり方も入ります。「いつもちゃんとやってくれてるのに、今日はどうしちゃったの?」と言うなど、一見、親切に見える攻撃のかたちもあったりします。

②我慢する

もう1つのやってはいけないこと、それは、我慢すること。

「腹が立っても、ぐっとこらえていれば、関係は悪くならないし、いいじゃないか!」

そう思われるかもしれません。けれど、怒りを抑えて我慢することは、高血圧、冠状動脈疾患、虚血性心疾患といった循環器系の疾患の危険因子になることがわかっています。怒りを抑えつけることは、私たちの身体の健康にとって悪なのです。

怒りを味方につけるために知っておきたい2つの基本

では、どうすればいいでしょうか。まずは2つの基本を押さえてください。

①怒りを感じることと、それをどう外に表現するかは分けて捉える

私たちが「怒りを感じたくない！」と思うのは、相手を怒鳴ったり、物に八つ当たりしたり、攻撃的な行動に結びつきやすいという理由が大部分を占めています。けれど、実際には、怒りを感じることと、感じた怒りをどう表現するか（または、表現しないか）は別の段階です。

「怒るなんて子どもっぽい」
「感情的になるのはよくない」

そう言われて育つうちに、「怒りを感じること自体がよくない」と思い込んでしまいが

ちですが、本当にまずいのは「表現方法」の部分です。さらにいえば、怒りを感じるかどうかは自分で選びにくい段階ですが、どう表現するかは、自分で選ぶことができる、つまり「自分のコントロールがきく」段階です。のちほど、怒りをうまく表現するコミュニケーションのスキルも紹介します。

②怒りやすさには環境も関係していることを理解する

イライラしてばかりいるとき、「自分って怒りっぽいな」と自己嫌悪になることがありますが、実際は怒りやすさにはさまざまな環境要因や、体調なども関係します。たとえば、暑いとき、疲れているとき、人はイライラしやすくなることがわかっています。イライラが続くときには、「なんでこんなに自分はイライラしやすいんだろう?」と自分の性格に結びつけるだけでなく、不快な環境になっていないかチェックして、その調整を試みることも大切です。

この2つを押さえたら、怒りを味方につける方法をどんどん身につけていきましょう!職場で腹が立ったときその場ですぐ使える方法から、長期的に自分の怒りパターンを見直す方法まで紹介していきます。

まずは、とにもかくにもクールダウン！ そのための5つの方法

あなたは、怒りを感じたとき、どんなふうに表現しますか？

「カッとする」
「はらわたが煮えくりかえる」
「頭に血がのぼる」
「目くじらをたてる」
「へそを曲げる」

などなど。どうでしょう、共通点がありませんか？

……そう！　身体の部位が含まれる表現が多いのです。
怒りを感じると、身体は闘争モードになって、覚醒度が上がります。大事なものを守る

ためには、エネルギーが必要不可欠。そのエネルギーをうまく活用できればいいのですが、覚醒度が高い状態では、冷静な判断力が失われてしまいます。せっかくのエネルギーを、机を叩く、怒鳴る、八つ当たりするなど、衝動的な行動に使って、大後悔……なんてことにならないために、会議の場で衝動的な言動をしそうになったとき、人を傷つけることを言ってしまいそうなとき、これから紹介するクールダウン法をためしてみてください。

「冷静になるのが大事!」といくら言っても、怒りは「鎮まれー」と念じておさまっていくものではありません。そんなときには、リラクセーションがおすすめ。身体にアプローチして、緊張をほどいたり、力が抜けるように働きかけることで、身体と連動して、自然と気持ちも落ち着いていきます。気持ちに直接働きかけるより、身体を通して働きかけるほうがかんたんなのです。

まずは、職場でもすぐにできる、呼吸法と漸進的筋弛緩法がおすすめです。

☑ 冷静な判断力を取り戻すためのクールダウン法

	カッとなったその場で使える	怒りがなかなか消えないときに使える	時間・手間がかからない
 呼吸法	○	◎	△
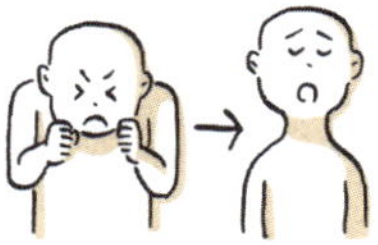 漸進的筋弛緩法	×	◎	○
 カウンティング	◎	×	◎
 イメージ法	◎	○	◎
 リマインダー法	◎	○	◎

「ゆっくり吐く！」のがポイント ～呼吸法

呼吸法は、その名のとおり、呼吸を使ったリラクセーションです。地面に足がつくように椅子に腰かけて、息を吐ききってから、次のようにします。

①腹式呼吸で鼻からゆっくりと息を吸います。
②吸ったあと、1秒ほどの短い間をとります。
③そして、口からゆっくりと息を吐き出します。
④吐ききったあとに、また間をおいてから次の息を吸います。

これを繰り返します。ポイントは、「吸うときよりも、吐くときを長く！」ということ。目安は、「吸うときの倍の時間」をかけることです。たとえば、1、2、3と3秒かけて吸ったら、一気に「はぁっ」と吐くのではなく、1、2、3、4、5、6と時間をかけて「ふぅーっ」と吐きます。腹式呼吸に慣れていないと、うまくできるようになるまでにちょっと練習が必要ですが、一度習得してしまえば、場所を選ばず使うことができます。

☑ 気持ちを落ち着かせるには身体から

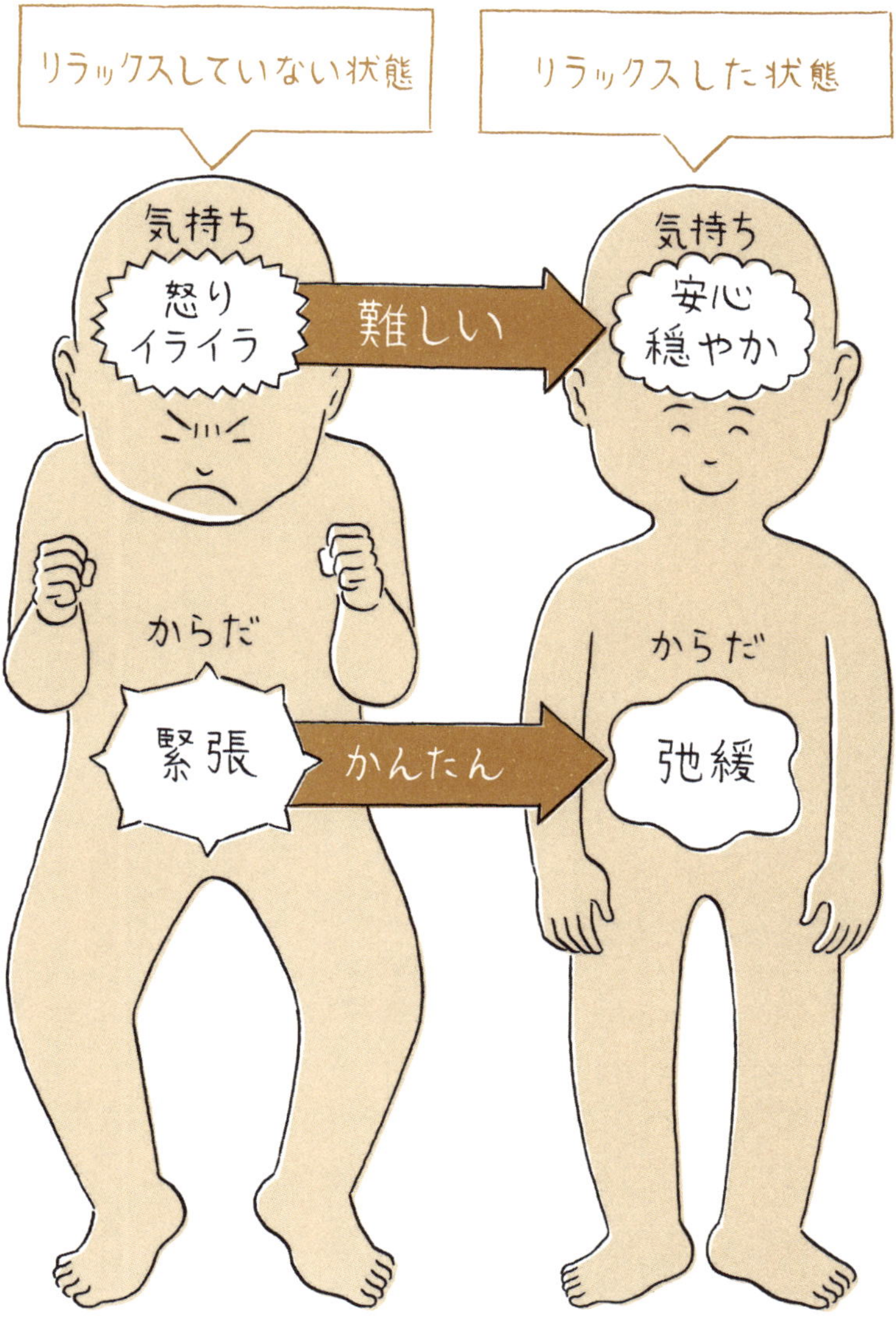

☑ 吸うときの倍の時間をかけて吐く!

準備　まず、息を吐き切るところから始めます

1　腹式呼吸で鼻から
ゆっくり息を吸う

2　ゆっくり息を吸った後に、
1秒程度の短い間を取る

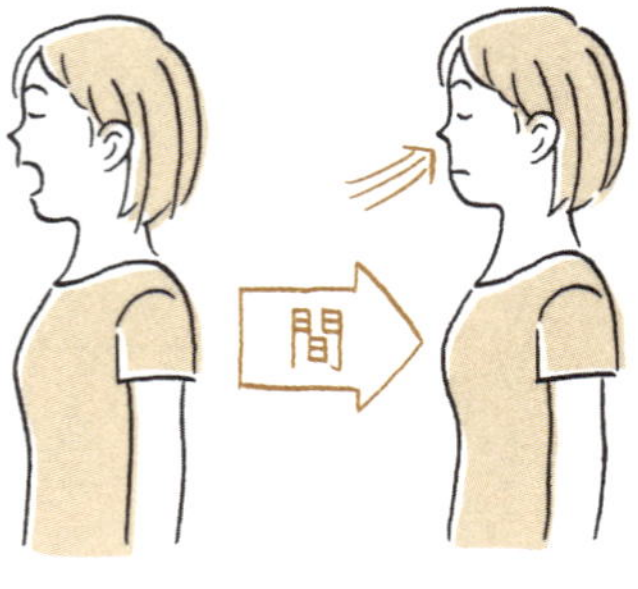

3　口からゆっくり息を吐く
(吸うときの2倍の時間をかける)

4　吐き切った後に、少し長めの
間をおいてから次の息を吸う

- 風船をふくらませるイメージを持つとやりやすくなります。
- 目安として1分間に6~8回、呼吸をします。
- 呼吸に意識を向けるよう心がけます。

まずは「力を入れる」がポイント ～漸進的筋弛緩法

「さあ、身体の力を抜いて!」と言われると、私たちは「リラックスしなきゃ!」と、逆に力が入ってしまいます。むしろ、身体はぐっと力を入れたあとのほうが、ゆるみやすくなります。この作用を利用したのが、漸進的筋弛緩法(ぜんしんてききんしかんほう)です。名前は難しいですが、1回30秒くらいでできるので、手軽に取り入れられます。

まず、背もたれには寄りかからず、椅子に浅く腰かけ、次の手順で力を入れます。

①両手を前に突き出して、親指を中に入れて両手を握ります。
②肘を曲げて、両手を胸に近づけていきます。
③そのまま、両肩をすぼめて、耳に近づけます。
④脇をしめて、身体を丸めて前かがみになります。
⑤顔にもぎゅっと力を入れて目を閉じます。

これで、ぐっと丸まったような状態になります。
そのまま、全力の6～7割の強さで、全身に一気に力を入れます。そのまま5秒キープ!

そしたら、一気に力を抜いて、背もたれにだらんと寄りかかって、そのままの姿勢で15秒ほど、身体から力が抜けていく「じわーっ」とした感じを味わってください。

このほかにも、自分が「ほっ」とできる、リラックスできることを試してみましょう。

- 好きな香りをかぐ
- コーヒーやハーブティーを飲む
- ペットの写真を見る
- 思い出すと「ぷっ」と笑えるような出来事を思い出す

そんなことなら、職場でもできますよね。

カッとなったらまずは10数える ～カウンティング

カッとなって、怒鳴る、机を叩くなどの行動をとりそうになったときに、数を数えて時間を稼ぐ。そんな方法がカウンティングです。口に出して数えてもOKですし、心の中だけで数えてもOKです。

ぐっと力が入ったあとのほうが、ゆるみやすくなる

1 椅子に浅く腰をかける

2 力を入れる

① 両手を握る。
② 肘を曲げて、両手を胸に近づける。
③ 両肩をすぼめて、耳の方に近づける。
④ 身体を丸め、脇をしめる。
⑤ 力を入れて目を閉じる。

左の図を参考に、全力の60%～70%くらいの強さで一気に全身に力を入れて、5秒くらい筋肉を緊張状態にします。

3 力を抜く

- スーッと一度に力を抜き、背もたれに寄りかかります。
- 筋肉の緊張が抜けていく"じわーっ"とした感じを味わい、15秒くらいそのままでいます。

怒りによって身体に力が入ったり、心拍数が上がったりといった変化は、神経伝達物質であるノルアドレナリンによるものですが、そのピークは6秒続くといわれます。なので、少なくとも、ゆっくり10ほどは数えるといいでしょう。

シンプルに数えるだけでは抑えきれないときには、

・手をグーパーしながら10セット分数える
・自分の好きな食べ物を10思い浮かべる

などアレンジするのもおすすめです。

ポイントは、劇的な効果を狙わないこと。１００あった怒りが97にしかなっていなくても、ちょっとでも下がって、後悔するようなことをしないでいられることが大事です。

怒りが和らぐイメージを作っておく ～イメージ法

自分の気持ちが和らぐイメージをつくっておいて、腹が立ったときに使う方法です。

春の陽が注ぐ森の中で小川の流れる音を聞いている。

宇宙から見た地球。
小さいころ、夏休みに行ったおじいちゃんちの縁側。

など、実在するイメージでも、空想のイメージでもOKです。自分に合った怒りが和らぐイメージを作っておいて、腹が立つことがあったら、そのイメージを思い浮かべます。

あなただけの魔法の言葉で怒りを和らげる　～リマインダー法

イメージ法の文章バージョンがリマインダー法。たとえば……

「短気は損気」
「自分の評価を下げてまで怒鳴る価値がある？」

など、自分の怒りが和らぎそうなフレーズを準備しておいて、腹が立つ場面で、自分に言い聞かせるのです。
どんなフレーズが効果があるかは人それぞれなので、ポイントは「自分にぴったりのフレーズを見つける」ことです。研修で、このリマインダー法のワークをしてもらったことがあります。参加者の1人が、通勤途中で人にぶつかられたり、足を踏まれたり、イラッとしたときに使えるフレーズとして、「いつかドブに落ちる」というアイディアを出しました。マンガやコントでドブに落ちる場面が連想されたのか、会場からはぷっと吹き出す声やクスクスと笑い声が。実際に相手をドブに落とすわけではありませんので、こんなふうに、ちょっと笑える、ユーモアのあるフレーズなんかも最高です。

大事なものを守るための行動を決めていく4つのステップ

怒りの機能は、「傷つけられている大事なものを守ること」でした。これまでの方法を活用してクールダウンしたら、「傷つけられている大事なものは何？」と自分に問いかけてみましょう。それをヒントに、次のような手順で、行動を決めていきます。

①大事なものを特定する

まずは、何が傷つけられていたのか、大事なものを特定します。

もし、モヤモヤして特定できないときには、大事なもののリスト（19ページ）を見て、近いものを選びましょう。

②守るための行動をリストアップする

大事なものを守るために、とることのできそうな行動をリストアップしていきます。「とてもじゃないけど、そんなことできない」という現実的でないアイディアではなく、「やれそう」と思えるものをリストアップしましょう。

③優先順位をつけて、どんどんやる

リストアップした行動の実行可能性と有効性を検討します。5段階で評価すると、どれからおこなえばいいか、優先順位をつけやすくなります。

優先順位が決まったら、実行あるのみ！

④効果UP！の振り返りをする

試した結果を振り返って、行動を継続する・別のアイディアを試すなどしましょう。

最初に挙げた細かくダメ出しをしてくる上司の例で、この4ステップを追ってみます。

①大事なものを特定する

リストを確認すると、「仕事」や「時間」が当てはまりそう。この場面でいうと、「せっかくやった仕事」や「それにかかった時間」が傷つけられていました。

②守るための行動をリストアップする

せっかくやった仕事や時間を無駄にしないために、どんな行動がとれるでしょう？

- **どのように仕事を進めていくか、方針を明確にして、共有しておく**
- **曖昧な指示が出たときには、方針に食い違いが起きていないか確認するために、あらかじめ上司の指示を具体的に確認しておく**
- **完成してから見せてダメだしをされて時間を無駄にするよりも、6割できたところで一度見てもらう**

このように、大事なものを守るのに役立つ行動をリストアップしていきます。

③優先順位をつけて、どんどんやる

それぞれの行動の実行可能性と有効性を検証してみましょう。たとえば、次のような5段階で考えてみるのも1つの方法です。

【実行可能性】

5：すぐに実行できる
4：実行しやすい
3：実行できるが、労力がかかる
2：実行できるが、自分1人では難しい
1：労力がかかり、自分1人では難しい

【有効性】

5：効果テキメン！　即解決
4：効果あり
3：効果はあるが、効果が出るまで時間がかかる

2：相手次第で効果が出るかが変わる

1：効果が出るまで時間がかかり、相手次第で変わる

では、②でリストアップした行動を検証すると、どうなるでしょうか。

・指示を具体的に確認する

⬇指示されたとき、上司に質問して確認をすればいいので、実行できる可能性は高く、5くらいありそうです。

効果は、どうでしょう。すべての認識のズレを解消することはできませんが、ある程度は効果がありそうなので、4とします。

・6割できたところで一度見てもらう

⬇上司が忙しいときに目を通してもらえるか予測できないところもあるので、実行可能性は3。

見てもらえれば効果は高そうなので、4とします。

傷つけられている大事なものをヒントに行動する

怒りを感じた状況	大事なもの	大事なものを守るための行動アイデア
上司が曖昧な指示や情報不足の指示を出した挙句、後から細かくダメ出しをしてくる。 	 ・自分が取り組んだ仕事 ・仕事にかかった時間	指示が曖昧だった場合には、具体化する質問をする 6割できたところで、一度見てもらう
会議で、自分の出した企画書に複数の人から否定的な意見を言われた。 	 企画を通すこと	その場では、冷静に回答する 否定的な意見に反証できるだけの情報を収集する
後輩が上司から理不尽なことを言われている 	 目をかけている後輩	後輩の話を聴いて励ます 上司との仲介に入る

もし、どの行動を試すか優先順位がつけにくい場合は、実行可能性の高いものを選んでください。効果が高いことも大事ですが、実行に移せないと話にならないからです。

④効果UP！の振り返りをする

振り返るときは、次のようなポイントを中心にします。

- **どれくらい効果があったか？**
- **障害はなかったか？**
- **もっと効果をあげるために工夫できそうなことはあるか？**

振り返ったら、障害への対策と、もっと効果をあげるための工夫を盛り込んで、次の対策をたてます。こうしてブラッシュアップしていくことで、そもそもの「腹の立つ場面」を減らして、怒りを予防することもできます。

関係性を壊すのではなく「つくる」ように怒りを表現する～DESC法

自分でどうにかできる場合だけでなく、相手に伝える必要がある場合もあります。先の例の上司に6割の段階で見てもらうことを提案する場面などです。ただ、怒りを外に出すときは、要注意！ カッとなっているときは、どうしても言葉や態度が攻撃的になりやすくなります。そのままの表現では、相手との関係性を悪くしたり、自分の立場を悪くしてしまう恐れがあります。せっかくの提案も聞いてもらえなくなるかもしれません。

大事なのは、自分の主張を伝えるだけでなく、相手の主張も尊重するコミュニケーション。攻撃的でない言い方でも、自分だけが我慢するのでもなく、傷つけられた大事なものを守るために主張する——そんなコミュニケーションスキルが必要です。

そのための技術を、アサーティブネス・スキルといいます。このスキルでは、怒りを表現する場合に、次の４段階をふみます。これらの頭文字をとって、ＤＥＳＣ法といいます。

Describe　客観的に状況を描写する

Explain 自分の主観的な気持ちや考えを説明する
Suggest 相手に望む行動や解決策を提案する
Choose 相手の肯定的、否定的な反応を予測し、代替の選択肢を示す

ステップ① Describe：とにかく客観的に状況を描写

そのときの状況をとにかく客観的に描写します。ここでのポイントは、自分から見ても、相手から見ても、第三者から見ても、だれが聞いたとしても、「たしかにそうだ！」とうなずける事実だけを伝えることです。なぜ、これが大切か。たとえば、打ち合わせに遅れてきた相手に、こんなふうに言ったらどうなるでしょう？

「遅れるのに、連絡しないなんて、ありえないでしょう！」

きっと、こんな返事が返ってくるはず。

「でも」
「だって」

「いや……」
「自分だって」
「こういう事情で」
「仕方がなくて」

……反論された挙句に、言い訳のオンパレード。そんなの聞きたくない！　余計にイライラしちゃいます。

では、こういう切り出し方なら、どうでしょう。

「打ち合わせは、13時からだったよね」

これに「でも」と反論できる人はいません。「うっ、たしかに13時開始だった」となるはずです。

こんなふうに、だれが聞いても「たしかにそうだ」となる客観的な状況描写から始めれば、相手を反論する姿勢でなく、こちらの話を聞いてもらいやすい姿勢に変えられます。

これで、話を聞いてもらう準備は完了！　次にいきましょう。

ステップ② Explain：Iメッセージで気持ちと考えを表現

相手が話を聞きやすい状態をつくったら、今度は、自分の考えや気持ちを伝えます。ここは主観的な内容でOKですが、ポイントが1つ。それは、「あなたは」から始まるYouメッセージではなく、「私は」から始まるIメッセージを使うことです。

遅刻した相手に、「あなたがだらしないから！」とYouメッセージで伝えてしまうと、どうなるか。そう、再び反論と言い訳を呼んでしまいます。せっかくの聞く姿勢が台なしです。ここで使うべきは、Iメッセージ。

「私は○○と感じています」
「私は○○と考えてました」

人それぞれの考え方や感じ方、気持ちなので、「あなたはそう感じてないはずだ！」と言われることはありません。

ステップ③ Suggest：解決案を提案型で

今後同じ状況になったとき、相手にどんな行動をとってほしいか。相手に望む行動や妥協案、解決案を提案をします。ここでのポイントは、2つ。

1つめは、具体的かつ実現可能な提案にすること。ついついやってしまいがちなのが、これ。

「ちゃんとしてください！」

これでは漠然としすぎていて、相手がちゃんとしてくれる可能性は限りなくゼロに近くなってしまいます。具体的に「○○する」と行動レベルで表現してください。もちろん、現実的に実行できそうな内容にします。

もう1つのポイントは、提案の形であること。

「次からは、○○してください！」

と指示や命令の形を使ってしまいがちですが、自分の主張も相手の主張も相互に尊重するコミュニケーションなので、押しつけはNGです。

「○○の場合には、××という行動をとってもらえませんか？」

なんて形だとスバラシイ！　相手のYESも引き出しやすくなります。

ステップ④ Choose：相手にも選んでもらう

「ステップ③までで十分じゃないか！」と思われるかもしれませんが、このステップがあることこそ、このスキルの特長ともいえます。ステップ③の提案に対して、相手がYESと答える場合も、NOと答える場合もあることも想定しておきます。どちらの答えであっても、それを尊重して、NOと言われた場合のための代替案を用意しておくのです。

「提案したら、相手が当然それを受け入れてくれるもの」

ついついそんなふうに考えがちですが、それだとNOと言われたときに、新たな怒りを呼んでしまいます。自分の気持ちだけでなく相手のことも同じように尊重するコミュニケーションスキルだからこそ、この段階があります。

4つのステップを押さえたところで、最初に挙げたコピー機まわりの整理を頼まれた例で、試してみましょう。

「実際の仕事の場面で、こんな4ステップもかけて言うのは難しいよ……」という声があるかもしれません。最初からすべてのステップを伝えることが難しいときは、まず【ステップ①Describe】と【ステップ②Explain】の2つのステップだけ取り入れてみましょう。それだけでも、関係を壊すことは防げます。

練習で使ってみる場面のチョイスも大事です。いきなり難しい相手に使ってみるのではなく、「この人ならちょっとくらい失敗しても大丈夫」と安心感のある相手から試してみましょう。

こうして練習をして、怒りを表現することが上達すれば、「腹が立ってもうまく伝えられる」という感覚がもてるようになります。そうすると、「怒りなんて感じたくないな」といった怒りを感じていることへの抵抗感や、「職場の人間関係がめんどくさい！」といった負担感が減っていきます。

こんな出来事があったとき

コピー機まわりの片づけなど隙間仕事を押しつけられて
時間がとられ、思うように仕事が進まない。

怒り爆発！
そのまま言うと
……

なんで、いつもいつも僕に言ってくるんですか！雑用ばっかり押しつけられて、たまったもんじゃありません！やりたくないことを人に押しつけないでください！

言い合いになって
もっと嫌な気持ち
になるかもしれません。

怒りをぐっと
こらえて
……

わかりました。やっておきます。コピー機の近くの席なので、自分がやるのがいいと思うので、気にしないでください。

不満が溜まりますし、
人づきあいが
おっくうになることも。

DESC法の活用例

アサーティブに表現すると…

Describe 描写する
前回のコピー機のメンテナンスも僕が担当しました。今、金曜納期の仕事を抱えています。
（だれから見ても「そうだ」と言える客観性）

Explain 説明する
納期が近づいているので、余裕がなく、メンテナンスをしていると、間に合わなくなるのではと心配しています。
（「私は〜」から始まるIメッセージ）

Suggest 提案する
そのときどきで、部署の中で余裕がある人に頼んでもらえませんか。
（具体的かつ実現可能な提案）

Choose 選択してもらう
もしくは、こういった隙間の仕事の担当をどう決めていくか部署のミーティングで話し合うなど、別の方法も検討してもらえると有難いです。
（相手のYesもNoも尊重）

伝えたいことが伝わり、同じトラブルの繰り返しも避けられる。

最後にもう１つ。【Explain】の段階で、率直に、「私にとって大事なことだから、腹が立ちます」と伝えることも、じつは有効です。部下や後輩を叱るときも、ただ叱るだけでなく、

「私にとって、あなたの成長が大事だから」

「私にとって、このプロジェクトはいっしょに成功させたい大事なものだから」


と伝えることで、相手の受け取りやすさが格段に変わってきます。

このアサーティブネス・スキルは、腹が立ったときだけでなく、伝えにくいことを相手に伝える場合にも役立つので、ぜひ活用してみてください。

怒りは表現方法次第で、人と人の間に良い関係をつくってくれます。「私にとって大事なものなので、傷つけないでください」と伝えて受け容れてもらったり、相手から同じように言われたときに尊重したり……そうすることで、お互いの間にちょうどいい境界線が引かれ、信頼関係が築かれていきます。仕事をするうえで、お互いの価値観を共有するチャンスにもなります。

「〜すべき」という考え方から自分の怒りのツボを知る

「そもそも自分って、どんなときに怒りを感じやすいの？」

そんな自分の怒りのツボを見直す方法を最後に紹介します。これは、腹が立ったときに、すぐ使える即効性のある方法というよりは、長期的に自分の怒りに取り組んでいく方法です。怒りを発生させる・エスカレートさせる考え方に注目します。

怒りには〝不当性〟が関係することがあるとお伝えしましたが、そんなとき、怒りの裏には「〜すべき」という考え方が関係していることがあります。

「新入社員は謙虚でいるべき」
「ミスをしたらすぐに謝るべき」

こんなふうに、「〜すべき！」と自分が考えていることに反する言動をしている人がいると、怒りが出てくるのです。

怒りを感じたら、自分の中に「〜すべき」という考えがないかを探って、見つかったら書き出します。書き出したら、次のポイントをチェックします。

チェックポイント①　その考え方は職場全体で共有されているものか？

チェックポイント②　職場がチームとして機能するために役立つ考え方か？

職場にとって役立つ考え方で、みんなに共有されているのであれば、話はかんたん。そのことを、アサーティブネス・スキルを活用して、相手に伝えましょう。相手にとっても、チームにとってもプラスになるはずです。

もし、チームが機能するかと関係なく、職場で共有されているわけでもない場合。それは、自分の個人的な価値観が反映されたものである可能性が高いです。そんなときには、

「自分はこう考える。けれど、職場にはそう考えない人もいる」

と自分と周囲の境界を確認して、違う考え方があることを受け容れ、尊重すると、怒り

☑「べき」思考から自分の怒りパターンを見つける

例：反省しない新入社員

「〜べき」思考をチェック

ミスをしたらすぐ謝るべき	新入社員は謙虚でいるべき
チェック ☑ 職場で共有されている ☑ チームのために役立つ ミスをしたら謝って行動を修正するという考え方はチェックを満たす	**チェック** □ 職場で共有されている □ チームのために役立つ 新入社員だって忌憚なく意見を言うことなどが求められる場合もある
後輩にDESC法で伝える	境界を確認、違う考えも尊重

パターンを探す

- 新入社員は謙虚であるべき
- 上司は堂々と振る舞うべきだ
- 先輩は後輩より長く会社にいるべきだ

⇒ 立場ごとでの「こうあるべき」という考え方が強い

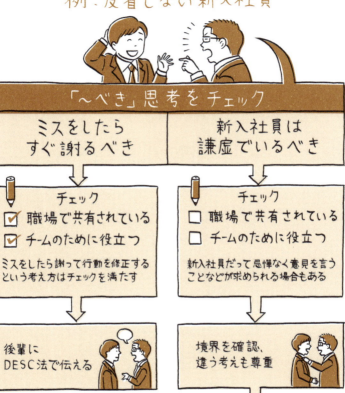

が和らぎます。「自分は自分、あの人はあの人」という感じです。境界があいまいな人は、上司や同僚、後輩など周囲の人にも自分の「～すべき」を当てはめて、腹を立ててしまうもの。そこに境界線を引けるようになると、楽になるのです。

こんなふうに、いくつかの怒りを感じる場面で、自分の中にある「～すべき」という考え方を集めたら、共通するパターンがないか探ってみましょう。自分の怒りパターンを押さえられると、次に腹が立ったときに「いつものパターンになってるぞ」と気づくことができます。

気づけたら、こちらのもの。そのあとの自分の対応を自分で決められるようになります。自分が腹を立てやすい場面で、次からはどんなふうに考えたら落ち着いて対処できるか、考え方・捉え方を置き換えるアイディアを出してみましょう。

怒りパターンを変える置き換え思考

会議で上司から
書類の処分を
頼まれた。

ほかの人もいるのに、
私にばかり
雑用をさせる。

メールの宛先から、
送信者の手違いで自分の
アドレスが抜けていた。

Sato@mail.com
hayashi@mail.com
tanaka@mail.com
kato@mail.com

私はないがしろに
されている。

先輩が後輩に仕事を
教えているところを
目にする。

私の時はあんなに
時間をかけてくれなかった。
不公平だ。

状況の共通点	ほかの人と自分が違う扱いをされたとき
考えの共通点	不公平だと捉える、 自分ばかり悪く扱われていると捉える
自分の怒りパターン	ほかの人と自分が違う扱いをされたとき、 「不公平」、「自分だけが悪い扱いを 受けている」と捉える

置き換え思考の
アイディア

時間の余裕や
人手など、環
境要因で扱
いが変わるこ
ともある

冷静に
なって
考えよう

私のほうが優
遇されている
ときはなかっ
たか思い出し
てみよう

COLUMN

「セルフ・コンパッション」で強い感情の裏にある痛みや傷を和らげる

悲しみや落ち込みを感じているときには「自分が傷ついているな」「痛みを感じているな」というのはわかりやすいかと思いますが、それは怒りや不安のときも同じです。強い怒りを感じるということは、それだけ自分にとって大切なものが傷つけられているということです。そこには、痛みがあります。

でも、私たちは、本当は痛くて傷ついているのに、「怒りっぽい自分」「いつも心配性な自分」と自分を責めてしまうことがあります。そこには、文化的な理由もあります。「人前でかんしゃくを起こすのは恥ずかしいことだ」と教えられたり、会社でも人前で怒りを出すと「感情的で大人げない人」と評価されたり。実際には、感情を「感じる」ことと、それを「どう表現するか」は別の段階なのですが、感情を感じること自体も悪いかのようにすり込まれてしまうことがあります。3丁目で紹介しますが、自分を責めるとエネルギーが奪われるので、ますます感情とうまくつきあえなくなってしまいます。

ではどうすればいいかというと、傷ついて泣いている子どもを見たときに頭をなでてあげたくなるのと同じように、自分に対して思いやりの気持ちを向けるのです。心理学の中でも、2000年代に入って研究が進んできた新しいテーマに「セルフ・コンパッション」

というものがあります。名前のとおり、自分に思いやりを向けることを指していて、科学的には、精神的な健康にいいだけでなく、身体の免疫機能の回復を促す効果も認められています。ここでは、セルフ・コンパッションのかんたんなエクササイズを紹介します。

①自分の傷つきや痛みに向けるひと言を決めておく

「そんなに腹が立つくらい傷ついたんだね」
「不安でいっぱいになるくらい大変な状況にいるんだね」

どんなフレーズでもかまいません。自分の痛みが少し和らぐ、傷つきに寄り添うようなフレーズを1つ作っておきましょう。

②自分をハグする

赤ちゃんが泣いているとき、母親の腕の中に抱かれると、安心して落ち着いていきます。それと同じように、自分に優しいハグをすることでも、痛みが和らぎます。

「そんなこと恥ずかしくてできない！」と思うかもしれませんが、いざ試してみると、身体の反応は違っているはず。皮膚はとっても敏感な器官。ほっとするような感覚がしてくるはずです。
まわりに人がいるときは、寒いときに腕を抱えるようなしぐさでもＯＫです。ぽんぽんと小さい子の頭に手を置くように、自分の腕や肩をたたいても効果があります。

③イメージを作っておく

自分がほっとできるような、安全な場所のイメージを作っておきます。空想の中の場所でも、実在する場所でもかまいません。そこにいると、温かさを感じられて、何かを求められるでもなく、ただただそこにいてもいいと思える――そんな場所のイメージです。

自分がすっぽり収まることのできる繭の中。
おばあちゃんの家の日当たりのいい縁側。
映画に出てくる炎がゆらめく暖炉の前。

……など、自由にイメージをつくってみましょう。そして、つらくなったときには、そのイメージを取り出してくるのです。

感情の問題地図
BUS
2丁目
悲しみ
行先
モヤモヤが続く、
ストレスが増える

悲しいとき、人は自分の置かれた状況を俯瞰しにくくなる

「最近、泣いたのはいつですか?」

そんなの、恋愛映画のキャッチコピーみたい(笑)
泣くことなんて、あるわけない!
最後に泣いたのいつだっけ?

そんな声が返ってきそうです。
でも、本当にそうでしょうか? ホントは心の中で泣いている、「泣きたいよ!」って
ときは、意外とあるのでは? たとえば……

急な引き継ぎ

上　司「今やってもらっている仕事はAさんに引き継いで、君は○○の仕事をしてくれな

いか」

あなた「えっ、最初から関わってきましたし、最後まで担当したいのですが……」

上　司「そうはいっても、Aさんのことも育てなければいけないし、部署としては○○の仕事に力を入れていきたいんだ」

あなた「……わかりました。（○○の仕事は専門と少し違うし、興味がもてないのに……）」

大学時代の友人とのやりとり

友　人「サークルの同期でひさびさに来週の金曜日に集まろうって話してるんだ。お前も来ない？」

あなた「（来週の金曜日……今日取引先から新しいリクエストもあったし、納期も近いし……難しいな）すごく行きたいけど、仕事の山なんだ……また声かけてくれよ（そういえば、前回も行けなかったな……）」

働き方改革の説明会

働き方改革推進担当者「来期からのフリーアドレスオフィス導入に向けて、ペーパーレス化を推進していきたいと思っています。つきましては、各部署で次の対策に取り組んでいただきたいと思います」

あなた「えっ、いきなりそれはちょっと……（毎日となりの人が違うなんて落ち着かないな。しかも、客先に行くことも多いから、ペーパーレスも限界があるよ……）」

営業部の会議

部　長「あなたの課は、どうして上半期の利益が下がってるんですか?!」

あなた「お客様のところで、こういったトラブルがありまして、そのサポートに工数がかかってしまい……」

部　長「客のサポート？　そんなことをやっている暇があったら、新しく儲かる取引先の方の仕事をどんどんやってくれよ。客のことなんて考えなくていいんだ」

あなた「……はい（もちろん、利益なくてはやっていけないけど、うちの課はお客さんに喜ばれたい、がんばりたい、という気持ちでみんな仕事をしているのに、そこももう少し大事にしてくれてもいいのに……）」

期末の成績発表

課　長「今期の営業成績は、佐藤君が前期に続いてトップだった。よくやった！　吉田君も2年めなのにがんばってるな。それに比べて君は……このままじゃ新人に追い越されるぞ」

あなた「申しわけありません、来期はがんばります……（がんばっているのに、なかなか結果が出ないんだよな……）」

取引先からのクレーム

取引先「この間納品してもらったものですけど、社内でエラーメッセージが出たと連絡を受けました。どうなってるんですか?!　完璧なものを納品してもらわないと困ります！　急いで対応してくださいよ」

あなた「申しわけありません。早急に調査・確認して、ご連絡いたします」

これらのどこの職場でもありそうな出来事の裏には、悲しみという感情が潜んでいます。

悲しいとき、人は自分の置かれた状況を俯瞰しにくくなります。普段だったら、もっと

☑ 悲しみで状況を俯瞰しにくくなって、悲しみがさらに長引いてしまう

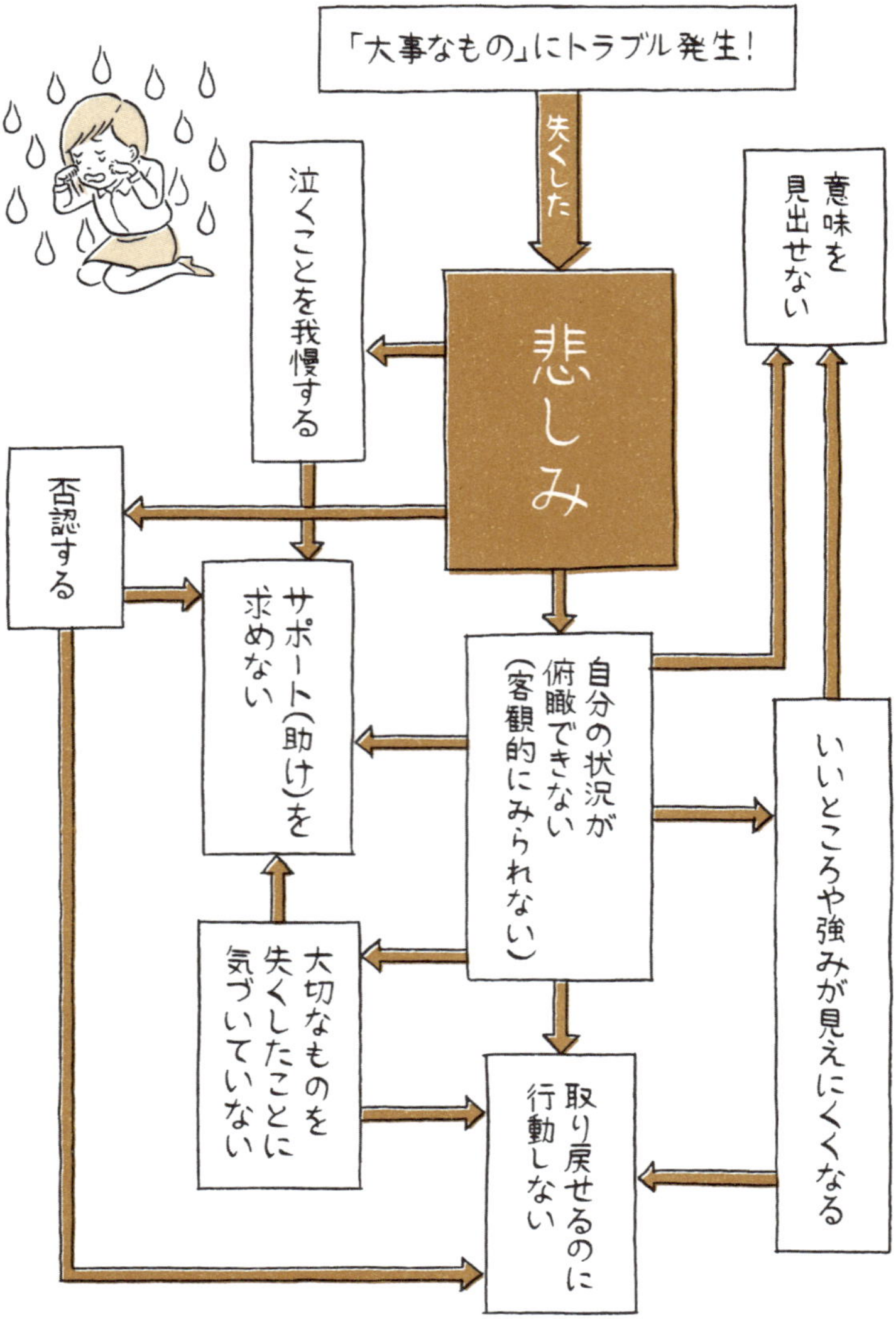

状況を客観的に見られるのに。その結果、本当は必要なサポートを求めなかったり、とるべき行動がとれなくなったり。それは、もっと悲しみを長びかせてしまいます。

「大事な何かが失われている」という原因に気づけば、対処しやすくなる

悲しいことは、できれば経験したくないもの。けれど、悲しみという感情にも、じつはプラスの役割があります。

「今、大事なものを失くした状況にいるから、次にこう行動すればいい」

それを教えてくれることです。

さっきの場面で失われていた大事なものは何でしょうか？

- **急な引き継ぎ ➡ 愛着のある仕事**
- **大学時代の友人とのやりとり ➡ 友達との時間（自分の好きなことをする時間）**

・働き方改革の説明会　⬇　慣れ親しんだやり方

・営業部の会議　⬇　「お客さんに喜ばれたい」という気持ち

・期末の成績発表　⬇　出したい結果・成果

⬇もう少し掘り下げてみると「自分はこの仕事に向いてないんじゃないか」「今の仕事をするうえでの適性や能力に欠けてるんじゃないか」など、あると思っていたものがなかったかも、と気づいてしまうことも悲しみにつながっています。

・取引先からのクレーム　⬇　まわりからの評価

⬇少しわかりにくいかもしれませんが、「完璧にやってあたりまえ！」と、ちょっとでもミスをしたら責められ、きちんと仕事をしても評価をされることがありません。

これらの「大事なもの」は、1丁目で紹介した怒りのリストと同じです。

悲しみは、何かを大事にしようとがんばっている人ほど経験する感情ともいえます。悲しい思いをせずにすめばいいかもしれませんが、生きていたら避けてとおることはできませんし、悪い面ばかりでなく、いい面もあります。「悲しみ」という感情をヒントにして、「何かが失われている」という原因に気づけるのです。どんなことでもそうですが、原因

☑ 悲しみを引き起こす「大事なもの」リスト

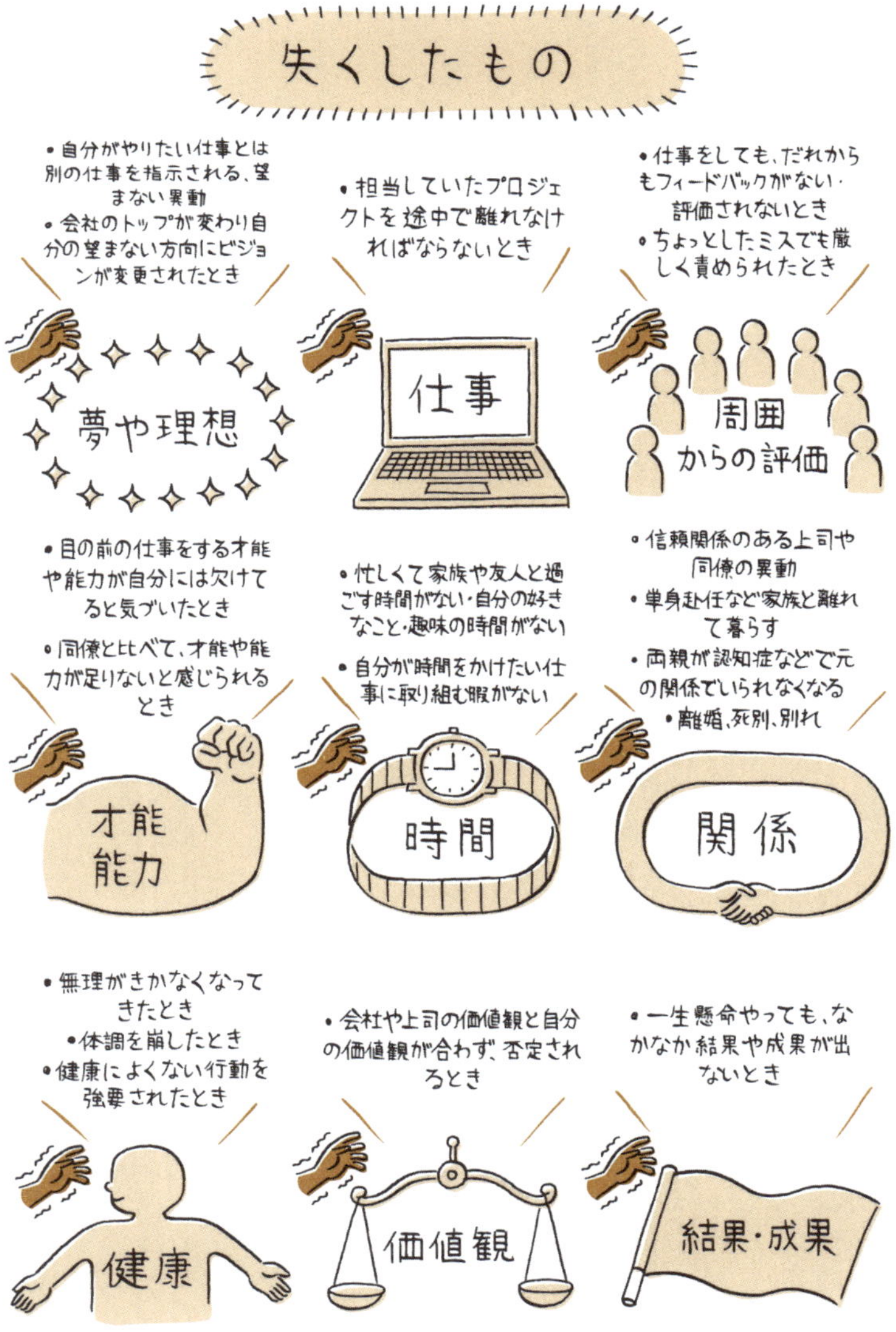

失くしたもの
・自分がやりたい仕事とは別の仕事を指示される、望まない異動
・会社のトップが変わり自分の望まない方向にビジョンが変更されたとき
夢や理想
・担当していたプロジェクトを途中で離れなければならないとき
仕事
・仕事をしても、だれからもフィードバックがない・評価されないとき
・ちょっとしたミスでも厳しく責められたとき
周囲からの評価
・目の前の仕事をする才能や能力が自分には欠けてると気づいたとき
・同僚と比べて、才能や能力が足りないと感じられるとき
才能
能力
・忙しくて家族や友人と過ごす時間がない・自分の好きなこと・趣味の時間がない
・自分が時間をかけたい仕事に取り組む暇がない
時間
・信頼関係のある上司や同僚の異動
・単身赴任など家族と離れて暮らす
・両親が認知症などで元の関係でいられなくなる
・離婚、死別、別れ
関係
・無理がきかなくなってきたとき
・体調を崩したとき
・健康によくない行動を強要されたとき
健康
・会社や上司の価値観と自分の価値観が合わず、否定されるとき
価値観
・一生懸命やっても、なかなか結果や成果が出ないとき
結果・成果

がわかると、ずっとずっと対処しやすくなるものです。

まずは、悲しみという感情をヒントに、自分がどんな状況にいるか俯瞰してみましょう。

繰り返しになりますが、悲しいという感情が私たちに教えてくれていることは、「何か大切なものを失った」ということ。自分の悲しい気持ちに気づいたら、

「自分の失くした大切なものって何だろう?」


と自分に問いかけてみましょう。それがわかると、「自分は今、○○を失くしたから悲しい気持ちになっているんだ」と、自分の状況を俯瞰できるようになります。

私がカウンセラーとして相談にのるときも、悲しい気持ちを訴える人がいたら

「この人が失くしてしまった大切なものは何かな?」

「それはもう取り戻せないものなのかな?」


と頭に置きながら話を聴いていきます。悲しい気持ちになったときに、ただわけもわからず悲しい気持ちでいるよりも、自分のいる状況が俯瞰的にわかると、じつはそれだけで

も、人はずいぶんと楽になるものです。

ここで1つ注意点が。「なくしたもの」というと、自分にとってよくない場面だけをイメージするかもしれませんが、じつは、一見自分にとってプラスの場面のこともあります。たとえば、3年がかりのプロジェクトが大成功で終わったとき。端から見れば、達成感に満ちあふれて幸せの絶頂のように見えるかもしれませんが、打ち込んできたプロジェクトとの別れ、失う場面ともいえます。その他にも、昇進（昇進自体は喜ばしいことだが、現場から離れなければならない）、上司の栄転（信頼関係のあった上司が変わってしまう）など。

「喜ばしいことのはずなのに、なんだか元気が出ない」

そんなときは、なくしたものがないか、探ってみるといいかもしれません。

☑ 悲しみが「次にこう行動すればいい」と教えてくれる

取り戻せるなら、行動を！

自分の状況をキャッチできたら、次は、その大切なものを「すでに失ってしまって取り戻せない」のか、「取り戻せる可能性がある」のかを判定します。

もし、まだ可能性があるなら、ラッキー！　取り戻すために行動を起こすことが最優先です。たとえば、友達との時間が失われている例では、「自分が主催者になって、自分のスケジュールに合わせて、同級生との集まりを企画する」なんて工夫ができます。

①失くしかけているものを取り戻すためにできそうな行動をまずはリストアップ
②実行しやすさ、どれくらい効果があるかをチェック
③優先度の高いものから、どんどん試していく

そんな流れで、失くしたものを取り返しましょう。

☑ 失くしたものを取り返すための3つのステップ

1. **失くしかけているものが何なのか具体的に確認**

失くしかけているもの

大切な友人と過ごす時間

2. **取り戻すための行動をリストアップ**

リスト

- 友人との飲み会を自分が企画
- 自宅に友達を呼ぶ
- 早く帰れた日に声をかける
- 休日に集まることを提案

3. **実行しやすさ・効果を検討して優先順位をつける**

「自分が企画する」「自宅に呼ぶ」というのは効果はありそうだが、忙しい中、実行するのは大変。全員は集まれなくても、自分が早く帰れる日に声をかけてみるのは手軽にできそうで、一定の効果もある。

4. **優先度の高いものから具体的な行動を計画＆実行**

いつ	次に早く帰れそうな日の夕方
どこで	職場から
何を	サークルのメンバーのLINEにメッセージを送る
準備	集まれそうな店を探しておく

たどるであろう「さようなら」のプロセスをあらかじめ知っておく

もちろん、取り戻せる可能性のある場合ばかりではありません。「完全に失ってしまった」「もう取り返すことのできない」というとき、どのように悲しみとつきあっていけばいいのでしょうか。残念ながら、「これをすればあっという間に悲しみから解放される」「悲しみが消えてなくなる」という魔法のような方法はありません。だって、失ったものは、あなたにとって大事なものだったのだから。けれど、前に進むために役立つ方法はあります。

大切なものを失う経験をしたあと、人がどんなプロセスをたどるかについて、ドイツの精神科医キューブラー・ロスという研究者が「喪失の5段階」というプロセスを紹介しています。これは、余命宣告など、「自分の命」という究極の喪失を取り上げたもので、「死の受容の5段階」と呼ばれることもあります。程度の差やそれぞれのプロセスにかかる時間に違いはありますが、リストラや離婚も、また先に挙げた自分の理想や時間、価値観、可能性、周囲からの評価、能力が失われた場合も、似たようなプロセスをたどります。こ

☑ 「さようなら」の5段階

否認

失ったことを
受け容れられない

喪失の認識と怒り

失くしたことを
認めざるを
えなくなり、
怒りが湧く

取引き

失ったものを
取り返すために
取り引きをする

深い悲しみと引きこもり

がんばっても
戻ってこない、
失ったことと
向き合う

受容

失ったことを
少しずつ受け容れ
られるようになる

の大事なものに「さようなら」するプロセスを進んでいくことで、人は少しずつ前に進むことができるようになります。※

冒頭の打ち込んできた仕事を引き継ぐように言われた事例をもとに、5つのプロセスを見ていきましょう。

※ここではキューブラー・ロスの理論を紹介していますが、このあと紹介する対処法については、仕事をする中で起こる「失った」場面を想定したものです。だれか大切な方をなくしたという場合には、専門家にサポートしてもらうことをおすすめします。

第1段階：「認めたくない！」（否認）

最初は「失ったことを認めたくない」という段階。自分に起きたことを受け容れられず、「そんなはずはない」と否認します。打ち込んできた仕事を引き継ぐように言われたことを、表面上では「わかりました」と言ったとしても、気持ちの面ではすぐに「はい、そうですか、わかりました」と割り切ることはできません。

「なんで、どうして？　何かのまちがいじゃないか？」

そんな言葉が浮かんでくるかもしれません。

この段階は、感情にとってはクッションのような役割をもっているともいえます。いきなり事実を受け容れるにはショックが大きすぎるので、否認することで私たちを守ってくれているのです。

第2段階：「なんでこんなことに！」（喪失の認識と怒り）

次は、少しずつ「失くした」ということを認めざるをえなくなってきて、他者や社会に怒りの感情が出てくる段階です。一生懸命打ち込んできた仕事を手放さなければいけないという状況に対して、「なぜ、自分がこんな目にあわなければいけないんだ！」と、会社や上司に腹が立ってきたりします。

怒りから八つ当たりをしてしまうこともありますが、まわりとの関係が悪くなったりするので、ほかの方法をとれるようにしたいものです。ここは、1丁目も参考にしてみてください。ちなみに、怒りが出てくるというのは、少しずつ「失った」ことを受け容れ始められたことの表れでもあります。

第3段階：「なんとかそこを……！」（取り引き）

失ったものを取り返すために、「もし、○○したら……」とあれこれ考える段階です。

「これまで以上に一生懸命やります。だから元の仕事に戻してください！」

「言うことをもっと素直に聞くので、後輩に引き継ぐのは待ってもらえませんか？」

こんな調子で取り引きをすることで、失ったものを取り返そうとします。頭の中でこういったことをぐるぐると考え続ける場合も、実際に上司やまわりに訴える場合もあります。

第4段階：「やる気がしない……」（深い悲しみと引きこもり）

「どうにかして取り返せないか？」ともがきにもがく取り引きの段階を過ぎると、「いくらがんばっても失ったものは戻ってこないのだ……」と、いよいよ失ったことと向き合う段階に入っていきます。そして、深い悲しみが訪れ、落ち込みます。

「打ち込んできた仕事を最後まで自分でやり遂げることは叶わないのだ」

それが少しずつわかってきます。そして

「これまで一生懸命打ち込んできたのは何だったのだろう?」

と意味を感じにくくなります。人づきあいする気力も湧きにくくなり、孤立しやすくなります。この段階に入ると、3丁目の内容も参考になります。

第5段階:「失くしたことは悲しいけど、そろそろ次へ……」(受容)

ここまでのプロセスを行きつ戻りつしながら、最後は失ったことを受け容れることができるようになります。やりたかった仕事に戻れないことが受け容れられ、ちょっとずつ、次の仕事への気力も出てきます。

「涙を流す」のはじつは悲しみを癒やすのに効果的

悲しくなると、泣きたくなったり、涙が出るもの。涙にはいいイメージがないかもしれ

☑ 涙の3つの効果

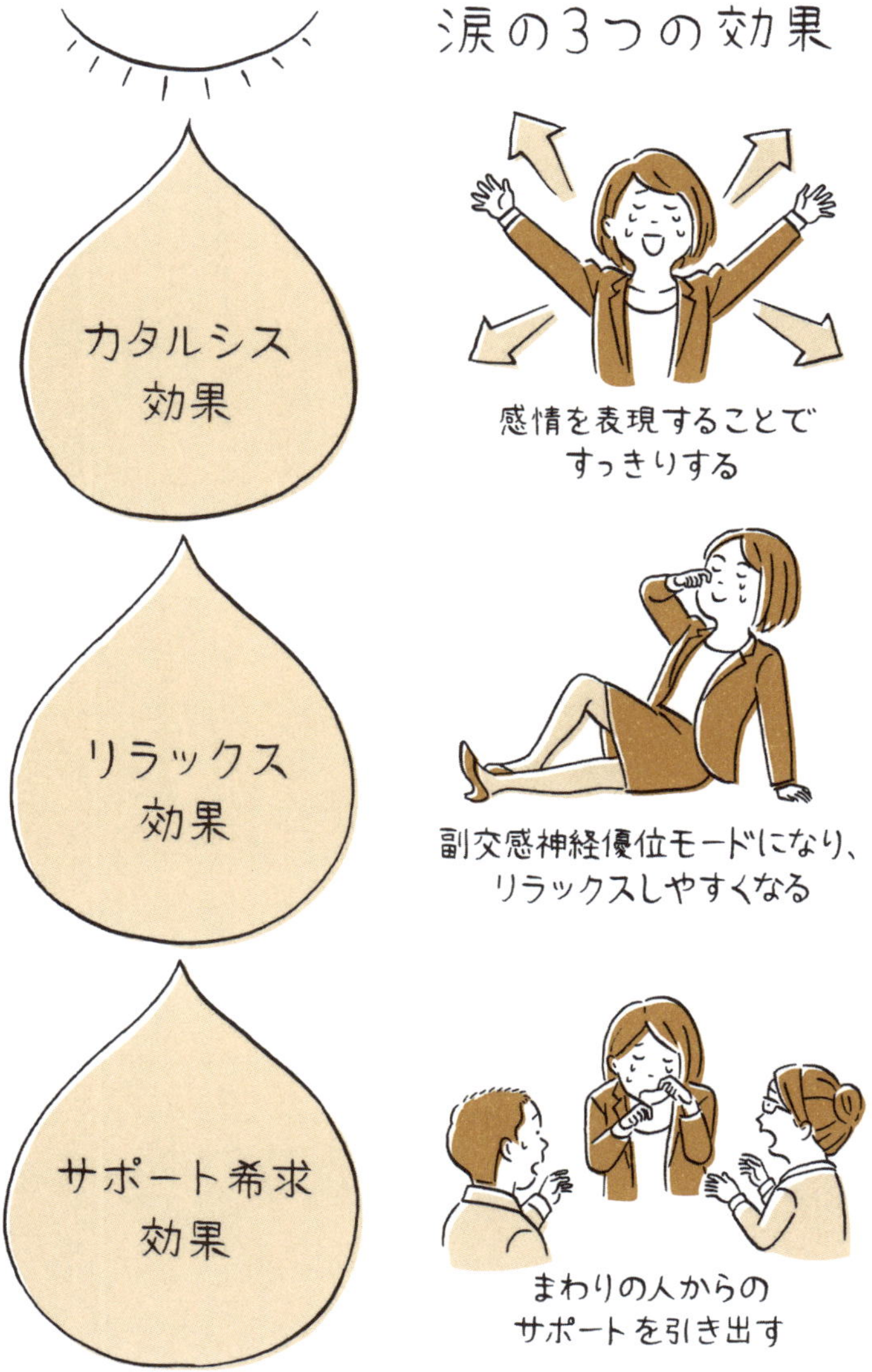
涙の3つの効果
カタルシス効果
感情を表現することですっきりする
リラックス効果
副交感神経優位モードになり、リラックスしやすくなる
サポート希求効果
まわりの人からのサポートを引き出す

ませんが、じつは3つのいい効果があります。

すっきりする（カタルシス効果）

涙の研究をしたウィリアム・フレイの調査によると、男性の73％、女性の85％が、「泣いた後、気分がよくなる」と回答しています。心理学の用語に「カタルシス効果」という言葉があります。自分の悩みや、不安やイライラなどの気持ちを言葉にして人に話すことで、苦痛が和らぐことをいい、カウンセリングの効果の1つでもあります。

感情を言葉にしなくても、涙を流すだけでも、カタルシス効果があると言われています。「泣いたあと、気分がよくなる」「すっきりする」というのは、このためです。

リラックスモードに入りやすくなる

涙には、次の3種類があります。

・目が乾かないように普段から分泌されている、基礎分泌としての涙
・玉ねぎを切ったときや、目にゴミが入ったときに出る、反応性の涙
・悲しいなど、感情をともなって流れる涙

悲しみの涙は、副交感神経が働くことによって流れます。私たちには、次の2つのモードがあります。

・交感神経優位な戦闘モード
⬇いわゆる緊張した状態で、血圧や心拍数は上がり、筋肉には力が入ります。仕事をしているときは、こちらのモード。

・副交感神経優位なリラックスモード
⬇筋肉の緊張はほどけ、血管は広がり、血圧や心拍数は下がります。寝ているときは、こちらのモード。

涙を流すと、自然と緊張状態から、リラックス状態に切り替わります。
余談ですが、ストレスによって自律神経のバランスが崩れるのは、戦闘モードからリラックスモードへの切り替えがうまくいかなくなることから始まります。切り替えがうまくいかないと、

「なんだか寝つきが悪くなった……」
「胃もたれする……」
「血圧が上がりやすくなった……」

など、身体にも影響が出てきてしまいます。
ストレス状態が続いているときには、あえて感動モノの映画や本を読んで、涙を流す！
そうすることで、自分でリラックスモードのスイッチをONにすることができます。

サポートを引き寄せる

私たちは、家族や友人が泣いていたら、「大丈夫かな？」と心配する気持ちや、「なんとかしてあげたい」という気持ちになりますよね。涙には、まわりの人からのサポートを引き寄せる効果もあるのです。

一方で、社会の「こうあるべき」という考え方から、「人前で泣くのはみっともない」と我慢するように意識づけられていることもあります。職場のような社会的なところで涙を流すことは、場合によってはネガティブな評価を受ける可能性がありますし、自分自身も気まずい思いをしたり、恥ずかしい思いをすることもあります。

かといって、1人で泣くのがいいのかというと、それでは悲しい気持ちを人にわかってもらえないので、サポートがもらえない、というデメリットがあります。

ベストは、「自分の悲しみをわかってくれる、特定のだれかの前で泣く」ことです。そうすると、気持ちがとっても楽になります。

筆者自身も、人前で泣けないひとりでしたが、一度、期せずして人前で大泣きしたことがあります。出張先で、小学校の同級生と食事をして、2軒目に行ったバーでのこと。はじめて行く店で、店主の方、同級生と私以外にカウンターに男性、女性のひとり客がいました。当時、将来のことで迷っていた私は、同級生に相談していました。その話を聞いていた女性客の方から厳しいことを言われてしまい、お酒が入っていたこともあってか、涙が止まらなくなってしまいました。泣きやもうとしてもまったくコントロールできず、大号泣。はじめてのお店で恥ずかしいやら、申しわけないやら……。けれど、予想に反して、人前で泣くのは嫌な感じではありませんでした。結局、ホテルに戻っても泣き続けたわけですが、翌朝には不思議と気持ちがすっきり軽くなっていました。店主の方も心配して、後日温かいメッセージをくださり、その友達とはそれまで以上にいろんなことを話せる仲になりました。東京と大阪で離れているものの、年に数回食事に行く仲です。

このように、涙を見せることには関係性を深める効果もあります。もし「人前で泣くの

はみっともない」という意識が邪魔して泣けないときには、まずは

「泣きたいくらいつらい！」

「泣きたい気分」

と言ってみることから始めましょう。「泣きたい気持ち」を受け止めてもらえることで、少しずつ「泣いてもいいんだ」と思えるようになっていきます。そうして、人のやさしさに触れると、ふっとゆるんで自然と涙が流れてくるかもしれません。

「失ったこと」に意味を見出す5つの方法

「大事なものを失った」という事実は変えられません。けれど、「起きた出来事をどう捉えるか？」は、自分で選ぶことができます。「なんであんなことになったのだ……」と悲しみ続けることもできますが、そこに意味を見出すこともできます。意味を見出すことで、人は悲しい出来事を自分の成長に結びつけることができます。

では、どうすれば失ったことに意味を見い出せるでしょうか？　5つの方法があります。

①「いいところ」を探す

1つめは、その出来事から肯定的な気づきを得ることです。

・職場の状況や人間関係のことについて再認識できたこと
・その出来事を経験したことで自分が身につけたもの
・失ったことで出てきた新しい可能性

などに目を向けてみましょう。

「今このタイミングでその出来事が起こったことが、どんな意味をもつのか？」

と、出来事のもつメッセージを考えてみるのもいいでしょう。

営業部の会議の例では、利益追求を第一に考える部長のもとで、「お客さんに喜ばれたい」という大事な想いが失われていました。この中で肯定的な意味を見出すとしたら？

「自分にとって、働くうえで『お客さんに喜ばれる』ということが大切なんだな」
「お客さんに喜ばれることが、仕事の達成感や喜びにつながっているんだな」

と自分の働きがいに気づくこともひとつです。そして

「価値観の違う部長のもとで環境に適応しながらも、改めて気づいた自分の働きがいをどのように大切にしていくか、工夫のしがいのある場であり、成長できる挑戦の機会」

ととらえることもできるでしょう。

②理にかなっている面に目を向ける

その出来事の中に、少しでも理にかなっているところを探すのもいい方法です。働き方改革の説明会の例で考えてみると……

「客先に出かけるスタッフも多くて、座席の稼働率は高くないし、コスト削減になるのは目に見えてるわけだから、会社としたら取り組むのも自然だよな」

「ペーパレスですっきりしたオフィスだと、気持ちよく働けるかも」

こんな具合に、自分も納得できるところを探してみるのです。少しでも理にかなっている部分、納得できるところを見つけられると、自分の中の拒否的な反応が減って、歩み寄りやすくなり、対人関係にとってもいい効果があります。

そして、きちんと理にかなった面を押さえたうえで、「やっぱり、この部分は元のままがいい！」という提案ができれば、「ただ古いやり方にしがみついてる頑固なヤツ」ではなく「よく考え抜いた提案！」と受け入れられやすくもなります。

③自己理解につなげる

期末の成績発表の例では、思うように結果が出せない中で、適性・能力がないと自信を失くして、悲しみが生じていました。これは、捉え方を変えれば、自分の苦手なところ、弱さに気づいたという点で「自己理解が深まった」ともいえます。それをきっかけに、自分の苦手なところ・弱さとあわせて、自分の得意なところ・強みを振り返って、「自分が力を発揮できるのは、どんな仕事なのか？」を考えてみることもできます。

④役割や目標を再設定する

期末の成績発表の例では、③の自己理解から、職場や仕事における自分の役割や目標を見直すことができます。自分の強みや弱み、得意や不得意にあわせて自分の目標や役割を設定しなおすことで、「苦手なことを、つらい思いをしながらやり続ける」という不幸なマッチングから抜け出せる可能性が出てきます。単に捉え方を変えるだけでなく、新しい役割や目標に合わせて行動を変えていくことで、職場の中で新しいアイデンティティを築くことができるでしょう。

⑤自分をほめる

取引先のクレームの例では、「まわりから評価されること」が失われていました。そんなときは、厳しい環境の中でよくやっている自分のがんばりに目を向けるのも1つの方法です。

「結果が出ないと評価されない」というのがビジネスの枠組みになっている今の世の中。しかしそれでは、人のエネルギーは湧いてきません。必ずしも成功したり、いい結果につながらなくても、プロセスの中でがんばったこと、工夫をしたこと、努力をしたことを「残念だったけど、よくがんばった！」と認められてこそ、次へのエネルギーが湧いてきます。

「そう言われても、そんなにがんばれてないよ……」

「自分のいいところなんて見つけられない……」

そう思ってしまう人ほど、本当はがんばっているもの。もし「自分で自分のがんばりをほめるのはちょっと……」というときには、人から「よくやってるよ！」と言ってもらうのも1つの方法です。筆者は毎年、大学時代の友人3人と「昨年度の振り返り会」なるものをやっています。そこで自分の仕事を振り返り、友人からポジティブなフィードバックをもらうことで、「今年度もがんばろう」とエネルギーをもらっています。


ここまで、失ったことに意味を見出す方法を紹介してきましたが、無理に見つけよう、そう言い聞かせて思い込もう、とする必要はありません。5つの方法を試してみて、「そうだな」「そうかもしれないな」と自然とそう思える範囲で十分です。「さようなら」のプロセスが進むごとに、少しずつ自然と思える範囲も広がっていきます。

COLUMN

感情や気持ちにピンとこない場合は、別のものさしを

「どんな気持ち？」

そう聞かれても、「別に」「特に何も感じないよ」と思うこともあるのではないでしょうか。それぞれの感情の章を読んでも、「そういう人もいるんだ」と自分ごとのようには思えなかったり。たとえば、1丁目で怒りについて「カッとなる」「頭に血がのぼる」など「身体の感覚に変化が出る」と書かれているけれど、いまいちピンとこなかったり。

それで健康に過ごせている場合はOKなのですが、

- **偏頭痛や背中の痛みなど慢性的にどこか痛む**
- **お腹の調子をよく崩す**
- **動悸やめまい・耳鳴りがする**
- **疲労感がずっと続く**

……など体調不良になってしまうこともあります。自分の中では「特に嫌な感じもしな

いし、大丈夫」という感覚なのですが、実際には負担がかかっているのです。たとえば、手のひらに麻酔をかけていて痛みを感じないからといって、針を刺しても平気かといえば、そんなことはありません。自分の感覚としては痛みがなくても、皮膚が傷ついて血が出たり、実際にはダメージがあるものです。同じように、感情に変化は表れなくとも、「知らず知らずのうちに、ストレスが溜まっていく」ということが起きてしまうのです。

同僚が自分に理不尽に仕事を押しつけてきたときには、「怒り」の感情が発動して、自分の時間や自分の仕事を守る行動をとる。

プロジェクトが解散になったときには、「悲しみ」の感情が発動して、まわりからサポートをもらったり、失ったことに少しずつ意味を見出して回復する。

本来であれば、こうなるはずです。けれど、感情に変化が出にくい場合は、反論せずにそのまま引き受けたりしてしまう。まわりからすると「あんなこと言われたりさせられたりして、大丈夫？」と思うことも、「別に大丈夫」と答えてしまうので、「ストレスに強いタフな人！」と思われるかもしれませんが、それが「あの人には無理を言っても大丈夫」と、負担がさらに増えることにもつながりかねません。

もし、感情や気持ちにはピンとこないという場合には、別のものさしを使いましょう。

「怒り」の代わりに使えるものさし

「不公平なことが起きていないか？」をほかの人と比較して考えてみましょう。

- **チームの中で、自分ばかり雑用をしている**
- **ハードな案件ばかりをまわされている**

など、「公平じゃないな」ということがある場合には、1丁目で紹介したDESC法を活用して、上司や同僚に公平にしてもらうよう伝えてみましょう。

「悲しみ」の代わりに使えるものさし

「別れ・離別」「なくし物」などの出来事があったかどうかをチェックする方法が使えます。

もし、そういった出来事があったあとには、自分では特に必要と感じていなくても、

- **気の置けない仲のいい友人を誘って飲みに行く**

・家族とゆっくり過ごす時間をとる

など、居心地のいい人間関係で過ごす時間を増やしてみましょう。

「落ち込み」の代わりに使えるものさし

3丁目で紹介する、反すう思考に気づくチェックリストが活用できます。チェックリストに3つ以上あてはまったら、「落ち込む」という感情にはピンとこなくとも、3丁目に書かれている対処を試してみましょう。

「不安」の代わりに使えるものさし

「悲観的な未来ばかり想定していないか？」をチェックしてみましょう。

もし、帰宅後や休日も「突発的なクレームが起きた場合」や「気づいていないミスが発覚した場合」のことを考えているときには、4丁目を読んで、対処法を使ってみてください。

そもそも、なぜ感情や気持ちにピンとこないのか。「今、自分はどんな気持ちだろう？」と内側を探ることを「やったことがないから」、「やる必要がなかったから」という場合が考えられます。

カウンセリングでも、「その時、どんな気持ちでした?」と聞くと、「気持ち? よくわからないなぁ。とりあえずこう言われたから反論したんだけど」と起きた出来事や自分がどう行動したかなど、目で観察できることだけを答える方がいます。


「小さい頃から、ある程度自分の進む道が決まっていた」

「学校や親から出される勉強や習いごと、課題をこなすのにいっぱいいっぱいだった」


そんな場合は、自分の感情や気持ち、「自分がどうしたいのか」といった内側のことに目を向ける機会が少なかった可能性があります。

そんな人は、大人になってからも、ガンガン仕事をして、立ち止まることがありません。そうすることで、身体の外側の出来事だけに注力し続けるのです。けれど、水面下では、感情がアラームを出していたり、「これは、ほんとに自分がやりたいことじゃない」と訴えていたりするので、それが体調不良など、身体の反応として代わりにでてくるのです。

まずはここで紹介したものさしを感情の代わりに使いつつ、130ページで紹介している、自分の内側に注意を向けるトレーニング「マインドフルネス」も試してみてください。

感情の問題地図

BUS

3丁目

落ち込み

行先

モヤモヤが続く、
ストレスが増える

思うようにいかなかったこと以外のことにも自信がなくなり、抜け出せなくなる

異動で営業部に配属された栗田さん。異動から3か月経ったころ、はじめて行く取引先で新システムの説明を任されました。説明自体はスムーズにいき、課長からも「わかりやすかった」と言われたものの、質問にうまく答えられずに終わってしまいました。

「質問されても満足に答えられないなんて、僕は営業に向いてないに違いない。同席した課長もがっかりしたはずだ。営業成績もこれまでは順調だったけれど、自分の能力ではお客さんを満足させることなんて絶対にムリだ。僕の評価は落ちていく一方だ……」

帰宅中の電車でも、課長の残念そうな顔が浮かんできます。

夕食を食べているときも、「こんなふうに答えればよかったんじゃないか？」と考えてしまいます。

ベッドに入ってからも、「行く前にきちんと調べていれば対応できたのに……」と、こうすればよかった、ああすればよかったが浮かんできます。

週末に友達と会っているときも、仕事のことを思い出してしまって、せっかくの休みも楽しむことができません。

このように、物事が期待どおりに進まなかったときや、目標が達成できなかったとき、私たちは自分の能力や存在価値に自信がもてなくなります。そうすると、思いどおりにいかなかったこと以外のことに対しても自信がなくなり、がんばる気力やエネルギーが湧かなくなってしまいます。そんなエネルギー切れになっていることを表すのが、落ち込みという感情です。

落ち込んだとき、私たちは「ああすればよかった」「こうすればよかった」と自分を責め続けます。

自分の強みが見えにくくなって、必要以上に自分の能力を低く見積もります。

積極的な行動もとれなくなるので、そこから抜け出すことができなくなってしまいます。

☑ 落ち込んでしまうとなかなか抜け出せない

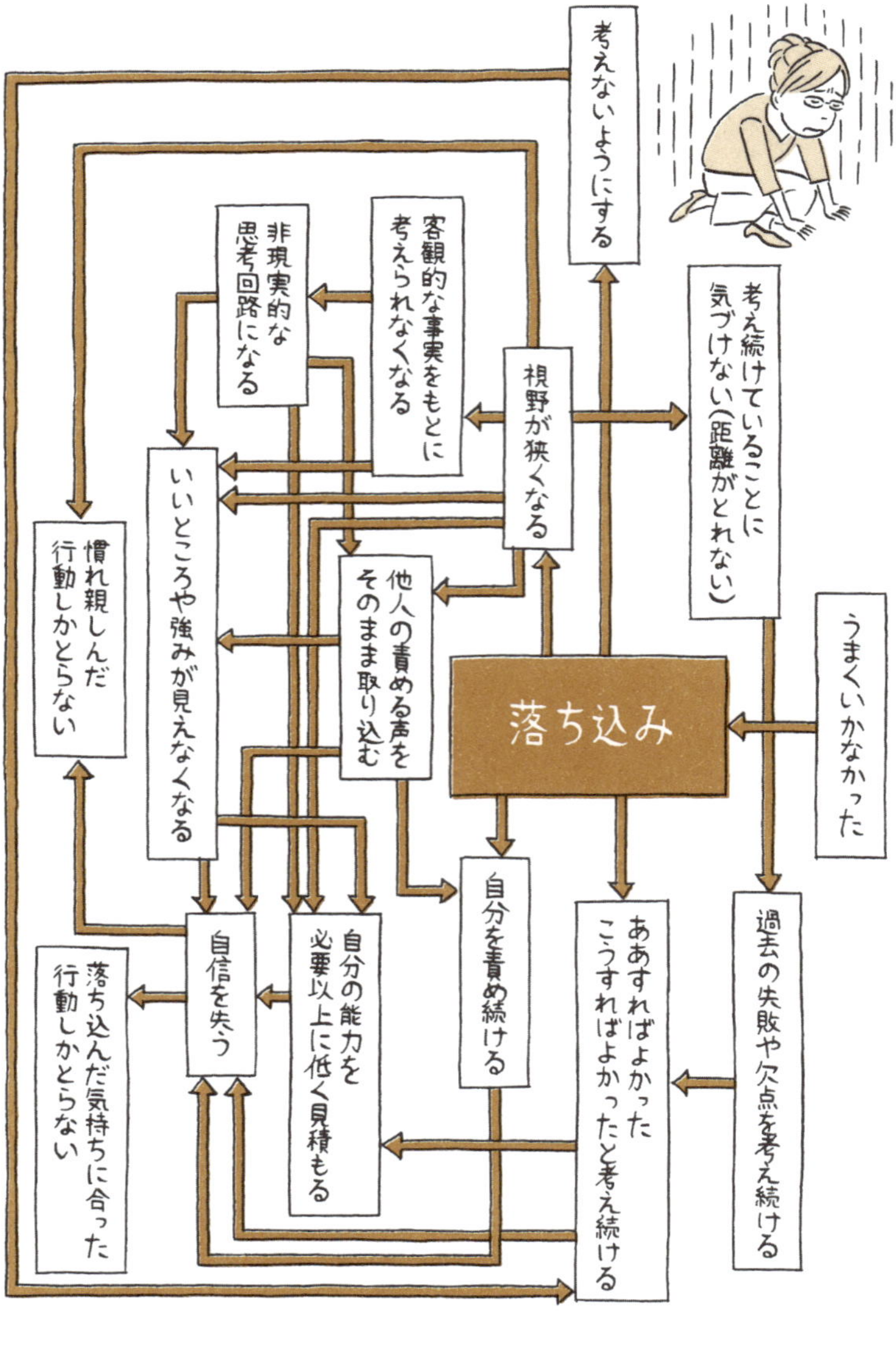

落ち込みを長びかせ、ネガティブな影響力を増していく「反すう思考」

エネルギーが切れてしまっているのですから、エネルギーを充電、つまり自分を休めることが必要になります。しかしやっかいなのは、いくら休んでも、落ち込みから回復できず長びいてしまう場合があることです。そんなとき、私たちの頭の中にはこんな考えが浮かんでいます。

「見込みが甘かったんじゃないか」
「もう少し早く連絡しておけば結果が変わっていたかもしれない」
「プレゼンのときに、あの資料も入れておけばよかった」

……などなど。こんなふうに、過去の失敗や自分の欠点を、繰り返し考え続ける思考パターンのことを「反すう思考」と呼びます。
反すう思考をしているとき、私たちは「考えよう！」と思って考えているのではありません。通勤の電車の中でも、ごはんを食べているときも、お風呂に入っているときも、ベッドに入ってからも自動的に浮かんできて、「考えたいわけではないのに、つい考えてしまっている」という感じです。なので、「自分が反すう思考をしている」こと自体に気づくことが難しく、考えることをやめられず、繰り返し考え続けてしまうのです。

それは、知らないうちに、台風の暴風域の中に自分を置いているようなものです。気づいたときには、あまりに強い力に振り回されてしまい、抜け出したり、対処することができなくなってしまっています。そして、「こうすればよかった」「あんなことしなければよかった」と変えることのできない過去の自分を繰り返し責めることで、エネルギーが奪われ続けてしまい、新しいエネルギーが湧いてこなくなります。

他人が自分を責める声によって、いったん落ち着いた反すう思考がまた再発してしまうこともめずらしくありません。

「なんでそんなこともできないんだ！」

「おまえの分析が甘かったんじゃないのか、もっと対策できただろう！」

「いつまで経ってもそんなだからダメなんだ！」

（5年目にもなってこんなことを言われているようではダメだ。上司の言うとおり。仕事をしていく自信がない……）

そんなふうに、自分を責めるだれかの声を取り込んで、頭の中にその人が乗り移ったかのように、反すう思考を膨らませてしまうのです。このような「反すう思考」は、うつ病になるリスクも高めます。

反すう思考がやっかいなのは、それだけではありません。反すう思考をそのままにしておくと、どんどんパワーアップして、影響力を増していきます。最初は「こうすればよかった」「あんなことしなければよかった」と過去のことを思い出して自分を責めるだけだったのが、その範囲が広がっていき、ポジティブな面や事実を無視するような考えや、未来のことを極端に悲観するような考えへと発展していってしまいます。

冒頭の栗田さんの場合も、「もっと事前に調べておけばよかった」と過去の失敗を責める考えだけでなく、「評価が落ちるに違いない」と将来のことを悲観する考えが浮かんだり、「これまで成績が右肩上がりだった」というポジティブな面がスッカリ見えなくなってしまっています。

極端に悲観的な考え方をしていると、判断力にも影響が出てきます。自分の能力を低く見積もってしまうので、せっかくのビジネスチャンスを逃したり、新たな失敗を生むことにもつながってしまいます。

「考えないように」「忘れよう」とすればするほど、かえって思い浮かべてしまう

「反すう思考から抜け出さなければ！」

そんなとき、ついやってしまうのは？　私も何度となく、次のセリフを聞いたことがあります。

「なるべく考えないようにしています」
「早く忘れよう、と自分に言い聞かせています」

そうしたくなる気持ちはよーくわかります。でも、じつはこれではうまくいかないことが、ウェグナーという心理学者がおこなった「シロクマ実験」でわかっています。この実験では、次の２つのグループがつくられました。

- **はじめに「シロクマについて考えないでください」と言われたグループ**
- **何も言われなかったグループ**

さて、どちらのほうがシロクマのことを多く考えていたでしょう？

結果は、前者でした。私たちは、「考えないように」「忘れよう」とすればするほど、かえって頻繁にそのことを思い浮かべてしまうのです。

では、どうすればいいか？　次の3ステップを踏んでいくのがおすすめです。

①気づく
②距離をとる
③現実思考に戻る

反すう思考に気づくための5つのポイント

反すう思考は、カフェで流れるBGMのように、自分でも気づかないうちに頭の中を流れています。まずは、自分が「反すう思考をしている」と気づくことがスタートになります。「最近、元気がないかも」と感じたら、次のリストをチェックしてみましょう。

- □ 過去のことを繰り返し考えている
- □ 「なぜ○○したのか、しなかったのか」という考えが浮かぶ
- □ 考えることをやめたくてもやめられない
- □ 自分を責めるような考えが浮かぶ
- □ 「絶対」「いつも」「～にちがいない」など、大げさな表現で考えている

5つのうち3つ以上あてはまっていたら、反すう思考をしている可能性が高いです。

反すう思考から距離をとる4つの方法

反すう思考の影響力を減らすために、距離をとるステップを紹介します。台風の暴風域から一歩外に出ると落ち着きを取り戻すことができるように、反すう思考から距離がとれると、その後の対策もとりやすくなります。方法は、4つあります。

①「今、自分は～と考えている」と表現してみる

「ただ、それだけ?」と思うかもしれませんが、意外と効果があります。

「見込みが甘かった……」
「もっとできたことがあったのに……」
「あのときこうしていれば……」

そうぼんやりと考え続けるのではなく、次のように表現します。

「今、自分は『見込みが甘かった』と考えている」

「今、自分は『もっとできたことがあったのに』と考えている」

「今、自分は『あのときこうしていればよかった』と考えている」


そうすると、反すう思考にただただ巻き込まれてしまっている自分を、「反すう思考している自分」と、「それを観察している自分」とに分けることができます。

②「今、いくつくらい?」と数値化してみる

数値で評価するには、その対象を客観的に眺める必要があります。なので、反すう思考から自然と距離をとることができます。これまで台風の例を使ってきましたが、自分の反すう思考をこんなふうにチェックしてみてください。


「何hPa(ヘクトパスカル)くらいの影響力を持っているかな?」

「940hPaは今月の最高記録、かなり影響を受けそうだな」

「最強の反すう思考を100、影響力なしの反すう思考を0として、いくつくらいかな?」

ほかにも、「お金に換算する」「重さで表現する」など、いくつか試して、自分にしっくりくる数値化の方法を見つけてみましょう。

③ただただ書き出してみる

これ以上ないくらいシンプルな方法ですが、紙に書き出すことで、思考をアタマの中から取り出して、見える化できます。これまで紹介した、頭のなかでの言い換えや、数値化が苦手な場合には、この方法がおすすめです。

④自分を責める声から物理的に「さようなら」する

ダメ出しばかりの上司をはじめ、ほかの人が自分を責める声を取り込んで、反すうしている場合。そんなときは、こう捉えましょう。

「責められているのは、自分という人ではなく、〝行為〟についてだ」

そして、その声から離れることをおすすめします。たとえば、取引先での説明の仕方が不十分だったことを責められたとき。

「自分のすべてが責められている」
「説明するスキルだけでなく、ほかの能力も低い」

こんなふうに自分がまるごと否定されたかのように捉えるのではなく、

「あの場面での、〇〇についての説明という行為に不十分なところがあった」

と行為への注意・指摘として受け止めましょう。そして、叱られた行為を、改善することに注力しましょう。

中には、人と行為を分けて叱ることのできない、叱り下手な上司のもとで働いている方もいるかもしれません。叱り下手な上司とは、なるべく接触頻度を減らすなど、物理的にも距離をとるようにして、影響を受けすぎないようにしましょう。人をやみくもに責める言葉の裏には、その相手の「困りごと」が潜んでいる場合もあります。その上司自身が追いつめられていて、余裕がないなど。そんなときこそ、こちらが視野を広くもつことが大事です。上司の言葉に耳を傾け続けることはありません。それでも上司が自分のアタマに乗り移ったかのように、反すう思考が始まってしまったときには、これまでに紹介した距離をとる方法を使ってみましょう。

反すう思考から現実思考へと戻る5つのワーク

反すう思考と距離がとれたら、現実に沿った考え方をする練習をしましょう。距離を置くだけでは反すう思考に再び引っ張られてしまうこともありますが、現実思考にまで戻っておけばそれを防ぐことができます。また、現実思考をするクセをつけておくことで、これまでならば反すう思考が始まっていたような場面でも、現実に沿った考えをすることができて、落ち込みを予防することができます。つまり、再発防止と未然防止に役立つのです。

次の5つのワークを使うことで、極端にネガティブに偏った反すう思考からバランスをとりやすくなります。

①根拠を検証する

「証拠を見せてみろ！」

刑事ドラマでよくあるセリフですが、反すう思考からバランスをとるためにも、根拠を検証することが役立ちます。反すう思考が「正しい！」といえる根拠と、「正しくない！」といえる根拠を挙げるために、図の根拠シートを使います。

まずは、「反すう思考が正しい！」といえる根拠から。このとき大事なのは、根拠には、だれが見ても聞いても「そうだ」といえる客観的な事実しか書かないことです。たとえば、こういったものはＮＧです。

「課長が目を合わせてくれない気がした」
「質問に答えたとき、取引先の人の反応がいまいちだった気がした」

「気がした」「みたいだった」「自分にはこう見えた」というのは、根拠になりません。客観的な事実のみしか書けないとなると、意外と書き出せることが少ないのに驚くはずです。私たちは、客観的な根拠なしに、頭の中で勝手に思考を膨らませて落ち込みを長びかせていることも多いのです。このことに気づくだけでも、大きな前進です。

次は、「反すう思考が正しくない！」という根拠を挙げてみます。ここがあまり浮かば

根拠シート

反すう思考

質問されても満足に答えられないなんて、
この仕事に向いていない

思考が正しい根拠 ○

3つ質問されたうち、
1つの質問にしか
答えられなかった

思考が正しくない根拠 ×

取引先で説明したのは
初めてだった
1つの質問には答えられた

根拠をふまえて考えると…

取引先で説明をしたのは初めてだし、3つの質問のうち2つには回答できなかったけれど、それで仕事の適性がないと決めつけるには根拠が足りない。今回の経験をふまえて、今度はあらかじめ質問を予想して対策しておけばいい。

ない場合には、ワーク②や③も使ってみるといいでしょう。

2種類の根拠を書き出したら、それをふまえたうえで、「今回の出来事をどんなふうに捉え直せそうか?」をまとめてみてください。

②「友人が同じ状況にいたら?」と考える　～友人アドバイス法

わかっているようで、自分のことが一番見えていないもの。そこで、反すう思考とは別の捉え方のアイディアを出すために、友人にアドバイスをするイメージを活用します。たとえば、取引先で説明をして質問にうまく答えられなかったのが、仲のいい同期のBさんだったとしたら。あなたは、Bさんになんと声をかけるでしょう?


「はじめて行く取引先での新システムの話なのに、スムーズに説明できたんだから、成功といえるんじゃない?」

「あの課長は、そんなことで評価を決めたりしないさ」

「いい経験になったんじゃないか。次はもっとうまくやれるよ」


こんな言葉かけが浮かんでくるのではないでしょうか。

自分に客観的な視点から言葉をかけるのは難しいのですが、仲のいい同僚が自分と同じ状況にいたとしたら……とイメージすると、視野が広がってきて、やさしい言葉だってかけられます。そして、私たちは自分にも同じように声かけしたっていいはずです。

③見えなくなっているポジティブ探しをする

反すう思考をしているときには、ポジティブな面が見落とされがち。ポジティブな面にあえて注目することで、ネガティブに偏った思考からバランスがとれて、現実思考をしやすくなります。こんなところに目を向けてみましょう。

- 自分の強み
- 持っているスキルや能力
- 過去に成功したときのこと
- これまであげてきた成果
- 現在の仕事でうまくいっている部分

……などなど。今回の例では、どこでしょう？

「説明自体はスムーズにできた」
「課長から『わかりやすい説明だった』と言われた」
「これまでの成績は順調だった」

このあたりが入ってきます。

思い浮かばないときには、パソコンに入っているデータを見てみましょう。これまで自分が手がけてきた仕事のファイルがズラリと並んでいるはずです。報告書など、まとまった形のものがあれば、それを見返すのも1つの方法。過去にもらったお礼のメールや手紙などを読み返すのも、自然とポジティブな面を思い出させてくれるので、おすすめです。

④人と話して現実思考を取り戻す

もし、これまでの3つのワークを試しても自分だけで反すう思考から抜け出すことが難しいと感じたら？　そんなときは、だれかに話を聞いてもらいましょう。

反すう思考をしているときは、たいてい視野が狭くなっています。そんな状態のまま、1人で考え続けるというのは、自分を責める声と2人だけで対話を続けているようなもの。反すう思考の底なし沼にはまっていってしまいます。だれかに反すう思考のループから引っ張り出してもらいましょう。

相手として選ぶのは、自分が安心して話をできる相手。自分と環境が近すぎない人がいいでしょう。環境や立場が近すぎると、いっしょに反すうのループに入り込んでいってしまったり、具体的すぎるアドバイスをもらうことになり、余計に落ち込んでしまうことがあるためです。仕事の内容が違ったり、立場が違ったり、違う環境にいる人のほうが、「こういう見方もできるんじゃない?」と視野が広がるひと言をくれる可能性が高いのです。

⑤「それを考え続けることで、いいことある?」と考える

たいていの場合、反すう思考は、極端に自責的だったり、ポジティブな面をなかったことにしていたり、現実から離れているものですが、中には事実としか言いようのないこともあります。たとえば、実際にミスをしてしまったとき、「ミスをしてしまった、どうしよう」と考え続けてしまうとしたら。根拠シートを使っても、「だって実際にミスしたし」と抜け出しにくいものです。そんなときは、自分にこう問いかけてみましょう。

「考え続けることで、いいことある?」

そうすれば、ぐるぐると考え続けても、自分の気持ちが落ち込んでいくだけで、いいことがなさそうだと気づくことができます。そのことに気づけたら、このあと紹介する行動のフェーズに移りましょう。

「そんなことするなんてありえない！」と思う行動で落ち込みをSTOP

ここまで「思考」に注目して落ち込みから抜け出すアプローチを紹介しましたが、「行動」によって落ち込みから回復する方法もあります。「にわとりと卵、どっちが先？」なんてよく言いますが、「気持ち」と「行動」どちらが先だと思いますか？　講演などで質問してみると、「気持ちが先ではないですか？」と言われます。「落ち込んでいるから、友達と出かける気になれなくて、家にいる」と。ですが、こんな時もないでしょうか。

「友達に無理に連れ出されて買い物に行ったら、思ったより楽しくて、気が晴れた」

「気持ち」から「行動」の流れもありますが、「行動」から「気持ち」の流れもあるのです。

では、「気持ち」と「行動」、私たちが自分で変えようと思って変えられるのは、どちらでしょうか？

落ち込んでいるときに、「落ち込みがなくなりますように」といくら念じても、気持ちは上がってきません。ですが行動は、自分の意思で変えることのできる、私たちがコントロールできる範囲です。

ここでは、「行動」から「気持ち」の流れをうまく活用して落ち込みから回復する「行動活性化」というスキルを紹介します。〝スキル〟といってもとてもシンプルなので、すぐに活用できるでしょう。〝楽しさ〟と〝達成感〟を感じられる行動をただやってみるのです。そうすると、落ち込みから回復することができます。楽しくなれたり、達成感を得られる行動は、人によって違います。自分に合う行動のリストをあらかじめ作っておきましょう。

リストを作るときのポイントは、次のようにバリエーションに富んだアイディアを入れることです。

・**効果は少なくても手軽にできること**

自分に合う行動のリスト

"楽しさ"を感じられる行動リスト

- お笑いの動画を見る
- 好きな音楽を聞く
- デパ地下で季節限定のスイーツを買って食べる
- 行ってみたかったお店に行く
- 明るい色の服を着る
- 大学時代の同級生と飲みに行く
- 猫カフェに行く
- デスクや部屋に花を飾る
- 遊園地に行く
- ひとりカラオケに行く

"達成感"を感じられる行動リスト

- 鍋をひたすら磨く
- ランニングをする
- 机や部屋の掃除をする
- パソコンのデータ整理をする
- 以前取り組んだ仕事を振り返る
- 凝った料理をつくる
- 誰かの誕生日をサプライズで祝う
- 職場の共用の湯呑みを漂白する
- 英会話の体験に行ってみる
- 行ってみたいけれど入る勇気の出なかったお店に入ってみる

・ちょっと手間はかかるけれど、効果の大きいこと
・1人でできること
・だれかとやること

「そんなことするなんてありえない！」と思うようなことであればあるほど、いいアイディアといえます。

「明るい色の服を着るなんて、気持ちと合わない！」
「ギャグを言って人を笑わせるなんて、無理！」
「スキップして帰るなんて、できない！」

そんなアイディアが出てきたら、こちらのもの。落ち込んだ気持ちと合わない行動だからこそ、そんなことする気になれないという行動だからこそ、落ち込みから回復するのに役立つのです。

落ち込んだときには、「それをする気になれるかどうか」には関係なく、片っ端からリストにある行動を試していきましょう。試しているうちに、少しずつ、落ち込みから抜け出せているはずです。

落ち込みから抜け出したら、ワンパターン行動からも回復を

落ち込んでいる間、人の行動はワンパターンになっています。自信がもてなくなっているので、自分が慣れ親しんでいる最低限の安全な行動だけをとるようになってしまうのです。エネルギー不足の間の行動としては理にかなっているのですが、仕事をするうえでは、本来とるべき行動ができなくなっているともいえます。

問題にぶつかったときに人がとる行動は、大きく分けると2つ。「闘う」か「逃げる」かのどちらかです。ゲームの選択ボタンのようですが、実際の人間の行動パターンもこのどちらかに分類することができます。

- 「闘う」タイプの人 ⬇ 困ったことが起きたとき、ひたすらがんばる・努力することで解決しようとする
- 「逃げる」タイプの人 ⬇ 困ったことが起きたとき、先延ばししたり、ほかの人に

代わってもらったりすることで解決しようとする

クレームを受けて謝罪が必要になった状況で考えると、「闘う」ワンパターンの人は、ひたすら自分でどうにかしようと、顧客を何度も訪ねて謝罪と説明を繰り返したり、新規開拓のために休憩もとらずに営業をしたり……。それでは、立ちはだかる壁にひたすら体当たりをしているようなもの。「しつこい!」と相手のさらなる怒りを買ったり、必死さが伝わるあまり営業成績が出なかったり、いい結果には結びつきにくくなってしまいます。

一方、「逃げる」ワンパターンの人は、こんな行動をとります。

- **クレームの案件を別の人に代わってもらう**
- **期待どおりでなかった結果をなかったことにして忘れるためにお酒を飲む**
- **取引先や職場から距離をとって避ける**

いったん問題から離れることが役立つこともありますが、「逃げる」一辺倒の対処では、いつまでも自分で解決できるようにはなりません。

「立ち向かう――一歩引く」「サポートをもらって――1人で」の4カテゴリで、今できることを考えてみる

ここで問題なのは、「闘う」「逃げる」といった行動の中身ではなく、行動が「ワンパターンになっている」ということです。困難を乗り切るには、行動にバリエーションがあることが大切！　ワンパターンな行動のままでは、新たな失敗やネガティブな結果を引き起こしてしまうことにもなります。

時には粘り強く努力して立ち向かったり。
あるときには逃げたり。

仕事をしていくうえでも、行動にバリエーションがあることは有利に働きます。「逃げる」という言葉ではイメージがよくないかもしれませんが、「一歩引く」ことが役立つ場面もあります。状況に合わせて柔軟に選んで実行できることが大切です。

☑「今できること」を考えるための4カテゴリ

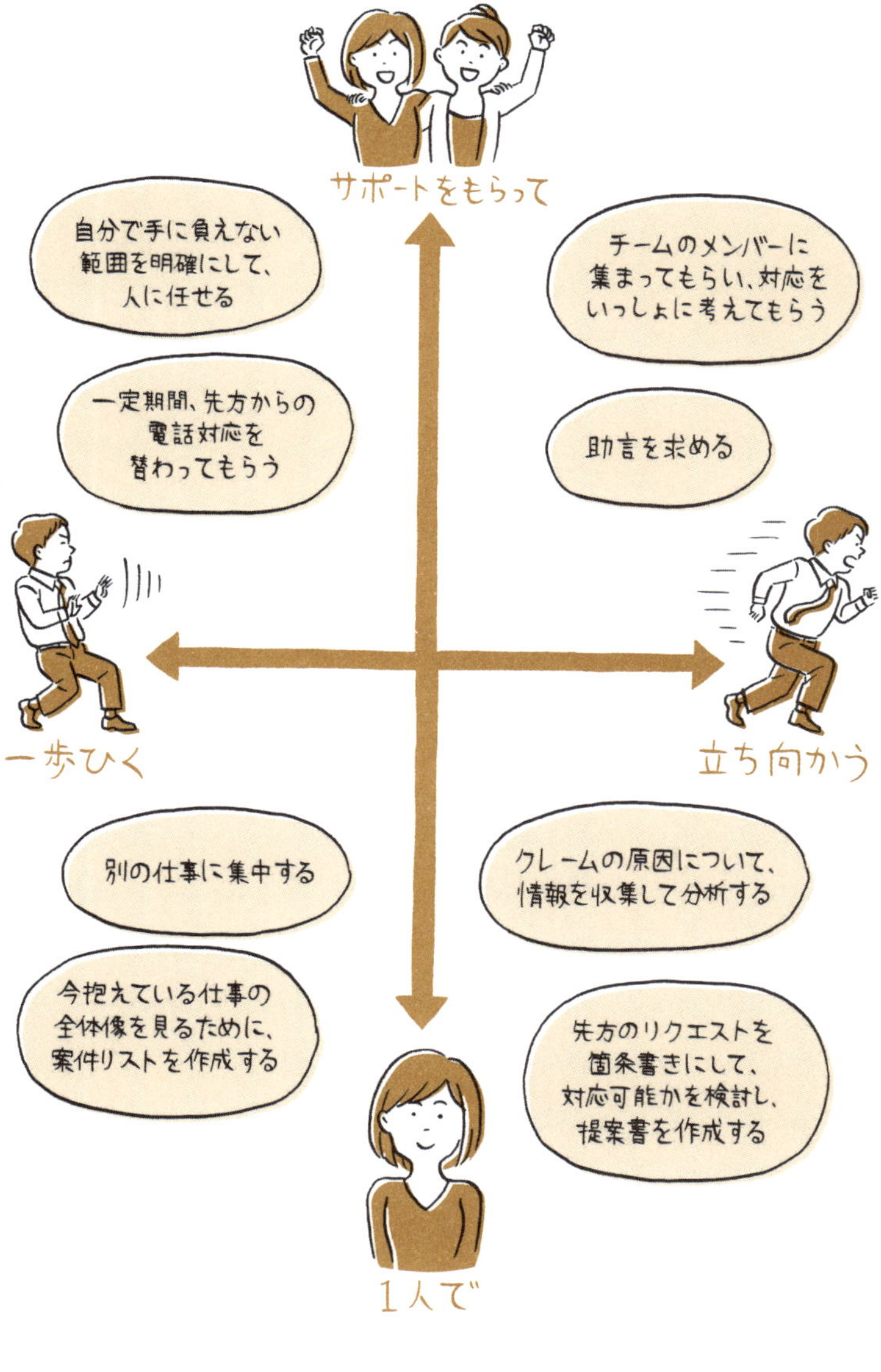
サポートをもらって
自分で手に負えない範囲を明確にして、人に任せる
チームのメンバーに集まってもらい、対応をいっしょに考えてもらう
一定期間、先方からの電話対応を替わってもらう
助言を求める
一歩ひく
立ち向かう
別の仕事に集中する
クレームの原因について、情報を収集して分析する
今抱えている仕事の全体像を見るために、案件リストを作成する
先方のリクエストを箇条書きにして、対応可能かを検討し、提案書を作成する
1人で

落ち込みから抜け出したら、「立ち向かう——一歩引く」「サポートをもらって——1人で」の4カテゴリで、「今できること」を考えてみましょう。図はクレーム場面での行動アイディアを載せましたが、いろいろな場面で応用してもらえると思います。自分がどれかのカテゴリの行動ばかり使っているなと気づいたら、あえて別のカテゴリの行動を使ってみましょう。

☑ 落ち込みから浮かび上がれば、遠くの景色まで見渡せる

「セルフ・ナレーション」でマインドフルネスをかんたんに実践

COLUMN

未来のことを考えて不安を膨らませてしまうとき、過去の失敗を繰り返し思い出してどんどん落ち込んでいってしまうとき、「今ここ（現在）」に戻ることが気持ちを落ち着かせるのに役立ちます。「今ここでの経験に評価や判断を加えることなく、能動的に注意を向ける」スキルとして、マインドフルネスがあります。マインドフルネスでは「評価や判断をしない」ので、「こんなことで落ち込むなんて自分が情けない」といった捉え方はせず、ただ「上司に厳しいことを言われた」という事実と、「落ち込んだ気持ち」がある、それ以上でも以下でもない、と捉えます。「そっかそっか、ふーん」とただ眺めるイメージです。

ここでは、かんたんにできるマインドフルネスのトレーニングとして、「セルフ・ナレーション」を紹介します。セルフ・ナレーションは、次々と起こる「考え（イメージ）」「感情」「身体感覚」「行動的な衝動・行動傾向」「記憶」などに注意を向けて、ラジオの実況中継のように読み上げていく方法です。次の例のように表現します。

考え（イメージ）

その時に自分の頭に浮かんでいる考えを「～と考えている」「～という考えが浮かんで

いる」と表現します。考え方や価値観ではなく、その場面でぱっと頭に浮かんでいること（漫画でいうともくもくした吹き出しに入ること）を取り出します。

例

「『自分だけがわりを食っている』という考えが浮かんでいる」
「『課長がニヤニヤしながら部長と話している』というイメージが浮かんでいる」

感情

「～という気持ち・感情がある」と表現します。最初から「これは怒り」「これは悲しみ」と明確に特定するのは難しいものですし、複数の感情が混ざっている場合もあります。まずは

「だれとも顔を合わせたくない感じ」
「底なし沼でもがいている感じ」
「いてもたってもいられない感じ」

など、比喩で表現するのも1つの方法です。

例

「『イライラする』という感情がある」

「『だれとも会いたくない』という感じがある」

身体感覚

「○○に～という感覚がある」と表現します。

感情は、身体の生理的な反応と密接につながっています。たとえば、不安や恐怖が強くなって緊張が高まると、肩に力が入って、手先の方が冷たくなったりします。身体のどこに、どんな感覚があるかをナレーションしてみましょう。

例

「『頭』に『カッとする』という感覚がある」

行動的な衝動・行動傾向

どんな行動をとりたくなっているかについて、「○○したいという衝動がある」と表現します。

例

「『怒鳴りつけたい』という衝動がある」
「『どこかに隠れてしまいたい』という行動傾向がある」

記憶

思い出していることについて、「○○の記憶が浮かんでいる」と表現します。

例

「『先月の会議で雑用を押しつけられた』ときの記憶が浮かんでいる」
「『学生のころ、授業でうまく答えられなかった』ときの記憶が浮かんでいる」

このように実況中継していくことで、自分の体験と適度な距離をとりながら、観察・体験することができるようになります。

その場でナレーションするのが難しい場合には、1日を振り返って、記憶に残っている出来事のナレーションを日記などに記録する方法もおすすめです。

マインドフルネスには、ほかにもメディテーション（瞑想）などのトレーニングがあります。もっと続けたくなったら、アプリを活用できます。英語でよければ、アクティブユーザーが世界中に300万人いると言われている「Head Space」、日本語であれば「MYALO」がおすすめです。音声ガイダンスにしたがって進めることができるので、安心してトレーニングできます。

感情の問題地図
BUS
4丁目
不安
行先
モヤモヤが続く、
ストレスが増える

なぜ、人は不安になるのか？

人を不安な気持ちにさせるのは、とてもかんたんです。


「明日の取引先との打ち合わせ、大丈夫？」

「来週締切の資料、間に合うの？」

「うちのプロジェクト、生き残っていけるのかな？」

「年金をもらえるのがずいぶん先になりそうだけど、老後どうなるんだろうね？」


こんなことを聞かれたら、だれでも不安な気持ちになってきますね。

そもそも、人はなぜ不安になるのでしょうか？　答えは、何か〝わからない〟ことがあるから。職場で考えると、次の３つのカテゴリに分けられます。

・将来どうなるか結果が〝わからない〟
・目の前のことへの対処方法が〝わからない〟

3つの「わからない」が人を不安にさせる

結果が
わからない！

- 納期に間に合うかわからない
- プロジェクトが成功するかわからない
- 契約がとれるかわからない
- いつ異動させられるかわからない
- 10年後、会社があるかわからない

対処方法が
わからない！

- 先輩の急な異動で引き継いだ仕事のやり方がわからない
- 日々更新される新しい技術を使いこなせるかわからない
- 管理職になったけれど、部下のマネジメントの仕方がわからない
- 初めて経験するトラブルへの対処方法がわからない

相手がどう出るか
わからない！

- ミスや良くない結果を上司に報告するとき
- 取引先の要望に答えられないと回答するとき
- 気難しいと聞いている新しく異動してきた上司と話すとき
- 電話で断りの連絡をいれるとき

・相手がどう考えていて、どう反応するのか〝わからない〟

不安なときに、ついやってしまいがちな3つの行動

不安になったとき、私たちがやってしまいがちな行動パターンが3つあります。

①不安にかられて、やみくもに行動する

私たちにとって〝わからない〟が尽きることはありません。これから起こる未来のことはもちろん、相手が本心で何を考えて感じているのか、超能力でも身につけないかぎり、わかる術はありません。仕事の条件を100％完璧に明確にして、〝わからない〟要素を排除しきることもできません。

それなのに、私たちは、やみくもに不安をなくそうと、過去の資料をどこまでもどこまでも調べたり、上司や先輩に何度も何度もしつこく確認をしたりしてしまいます。一見、不安がなくなりそうに思えますが、逆に、次から次に気になることが出てきて、「よし、これでひと段落」と安心するどころか、不安との追いかけっこみたいになってしまいます。

②不安を「なかったこと」にする

本当は不安な気持ちがあるけれど、それを見ないように、感じないように、ふたをして過ごします。でも、不安は「アラート」のようなもの。最初は、ピピピッという程度だったアラート音が、だんだん大きくなってビービー鳴りだし、それでも放置するとサイレンのような音になって……「とてもじゃないけど、うるさくて我慢できない！」なんてことになります。結果として、もっと強い不安にかられることになってしまうのです。

③不安をどんどん膨らませる

「取引先の新しい担当者との顔合わせ、うまくいくかな？」

最初はこんなちょっとした心配だったのが、

「担当者が苦手なタイプかもしれない」
「すごく神経質な人だったらどうしよう」
「すごく高圧的な人かもしれない」

……と芋づる式に不安を膨らませてしまうこともあります。それは、恐ろしいお化けを自分から作りだしているようなもの。そうなると、不安に圧倒されて、行動することへのハードルがぐんと上がり、フリーズしてしまいます。

不安は心地いい感情ではありませんが、前向きな行動につなげるチャンスでもあります。

「〝わからない〟ことがある状況にいるから、早めに何か手を打ったほうがいい」

そう気づかせてくれているのです。どう付き合えば、このチャンスを活かせるのか？

私たちは、目に見えないものや曖昧なものに対して具体的な対策をとることはできません。そこでまずは、自分の中にある目に見えない不安を「見える化」することから始めましょう。そのために有効な方法は、２つ。１つずつ見ていきましょう。

・口に出して人と共有する

・「明確にできること」「〝じつは〟わかっていること」「〝本当に〟わからないこと」を分けて書き出す

☑ 不安が不安を芋づる式に膨らませてしまう

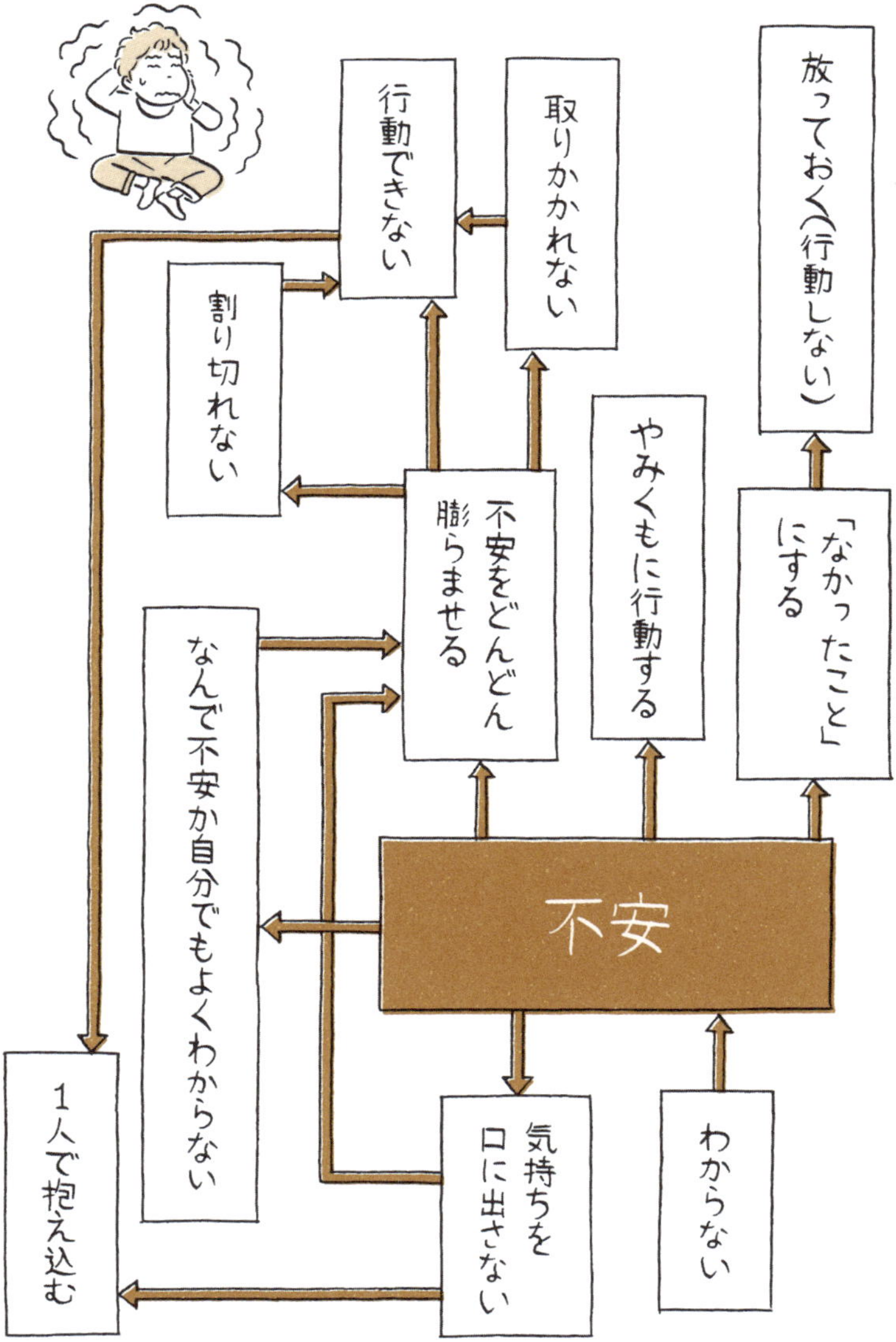

COLUMN

「恐怖」と「不安」って違うの？

「不安と恐怖って、違うんですか？」と聞かれることがあります。不安と恐怖の違いは2つあります。

・対象があるかないか
➡不安は漠然と「わからない」ときに生じるのですが、恐怖は「特定の対象への対処法がわからない」ときに生じます。

・時間軸
➡不安は未来のことについて「わからない」ときに起こる感情ですが、恐怖は「今どうしたらいいかわからない」ときに起こる感情です。

もともと、「恐怖」は、人のもつ感情の中でも原始的な感情だといわれています。私たちが動物に近かったころから存在し、私たちの身体を守る役割をもっています。恐怖がないと、身体を危険にさらす確率が上がります。荒れ狂う海に飛び込んだり、獣のいる森に入っていったり……。現代でも、恐怖という感情のブレーキがなければ、平気でビルの高いところに行ったり、流れの早い川に飛び込んで、ケガをしたり、命を危険にさらすことになります。

動物から進化した私たちは、言葉を使えるようになり、想像力をもつようになりました。そのため、「よくないことが起こるんじゃないか?」「暗闇で襲われるんじゃないか?」と、今のことだけでなく、未来の「わからない」こともあれこれと心配する、不安という感情をもつようになったのです。

ただ、私たちが普段話をするときには、そこを厳密に区別していません。具体的な対象がない漠然とした不安の場合でも

「なんとなく怖い感じがする」
「老後のことを考えたら怖くなってきた」

と表現しますし、未来のことに対しても

「客先でのプレゼンを任されて失敗するのが怖い」

「納期に間に合うか心配で、残業せずに帰るのが怖い」

など、怖いという表現を使うことがあります。逆に、特定の対象への恐怖のときにも、

「手強いクレーマーに対応の電話をかけるのが不安で心配」

と表現しますね。

このように、厳密にいうと別の感情なのですが、同じ分類に入る仲間のような感情です。

この章では、どちらにも対応できる対策を紹介しています。

あえて不安をそのまま口に出してみる

取引先でのプレゼンのあとに微妙な反応をされたときなど、「何がまずいんだろう」と不安になったら、それをそのまま口に出してみましょう。

「当方の提案で気がかりな点がありますか?」
「わかりづらい点があれば、もう一度説明いたしますので、率直な意見をください」

など。そうすれば、相手も「いや、ちょっと価格が……」「ここの仕様が思っていたのと違って……」と話し始めてくれるでしょう。微妙なリアクションの理由さえわかれば、こちらもそれに合わせて手を打つことができます。モヤモヤした気持ちで取引先から帰らずにすみます。

もちろん、「いえ、特にありません」と微妙なリアクションのまま返事をされてしまうこともあるかもしれません。そういうときは、こちらにはまだ伝えられない事情があるのでしょう。その場合は、このあと説明する「〝本当に〟わからないこと」として捉えるしかありません。
「新しく来た上司が何を考えているかわからず、モヤモヤする」という場合も同じです。まずは、チームのメンバーのうち、話しやすい人に、こんなふうに相談してみましょう。

「機嫌にムラがあって、どうつきあえばいいかわからない」
「指示もころころ変わって、このまま進めていいのか心配になる」

こんな具合に返ってくるかもしれません。

「僕も同じように感じてた！　いっしょに対策を考えよう」
「それには、こういう事情があるらしいよ」
「異動前の部署に知り合いがいるんだけど、こうつきあうといいと聞いた」

こんなふうに、私たちの知らない新しい情報を教えてくれるかもしれません。これも、まずは「口に出す」ということをしてみないとわかりません。口に出してみると、〝わかる〟領域が増えることは、案外多いものです。

「わからない」とひとくくりになっていることを3つに分けて書き出す

不安を書き出すことのメリットは、「可視化できる」という点にあります。自分の中から不安を取り出すだけでなく、文字にして見ることで、距離がとれ、状況を客観的に捉えることができるようになります。書き出しただけでも、「なんだ、たいしたことじゃなかったな」と冷静になれることもあります。また、書くことに集中しているときには、思考がストップするので、不安をさらに膨らませずにすむというメリットもあります。

次の3つのカテゴリに分けて、わからないことを書き出していきましょう。

- **明確にできること**
- **〝じつは〟わかっていること**
- **〝本当に〟わからないこと**

書き出す前には〝わからない〟とひとくくりになっていることから、「明確にできるこ

☑ わからないことを書き出してみる！

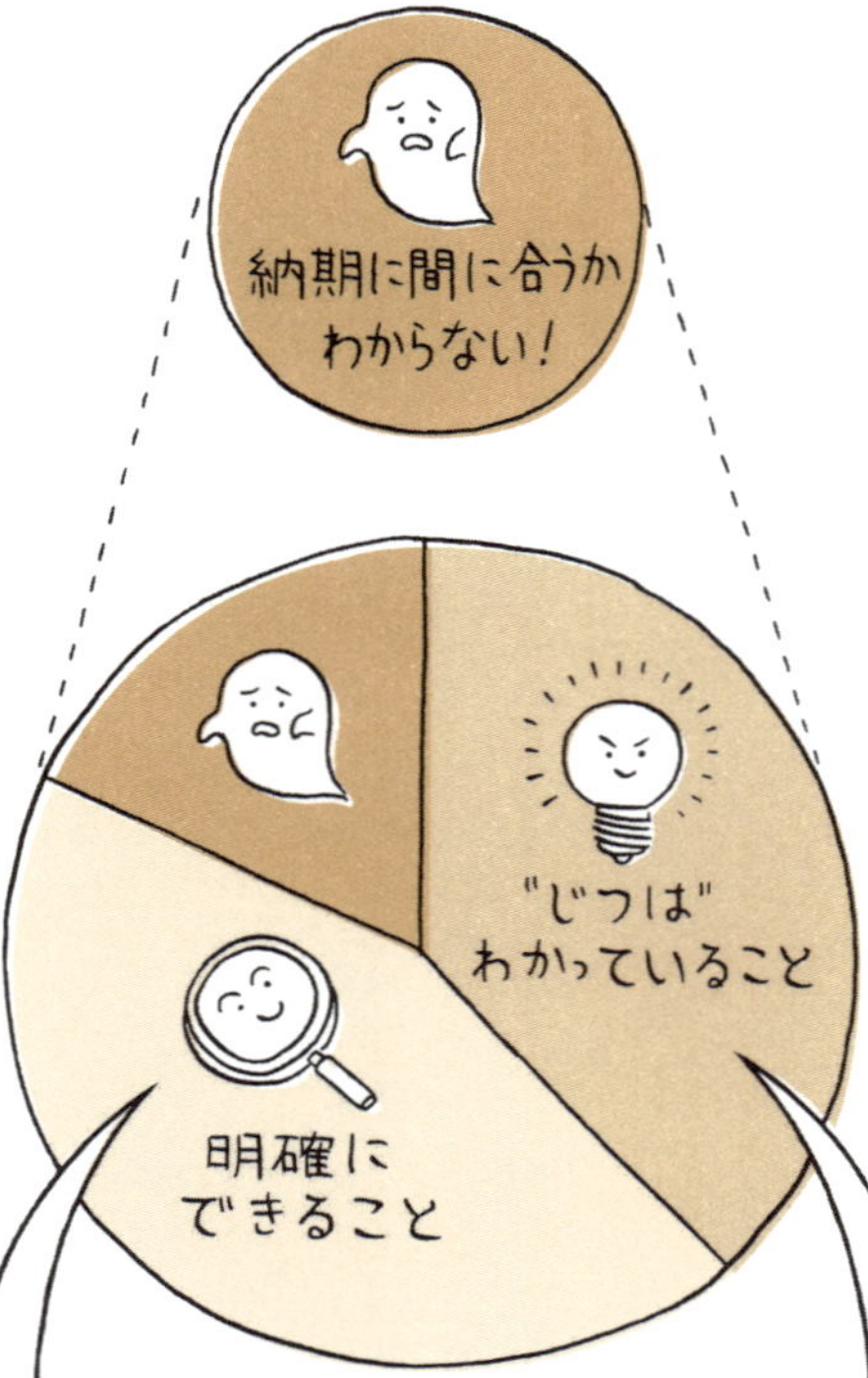

納期	2週間後（出勤日は7日）
内容	市場価格のリサーチ・レポート

作業プロセス	情報収集（現時点で7割、あと15時間）→データ分析（15～30時間）→レポート作成（10時間）
予想可能な障害	データ解析で不慣れな解析手法を使うため手間どる
対策	その解析手法に経験のある先輩にヘルプを頼んでおく

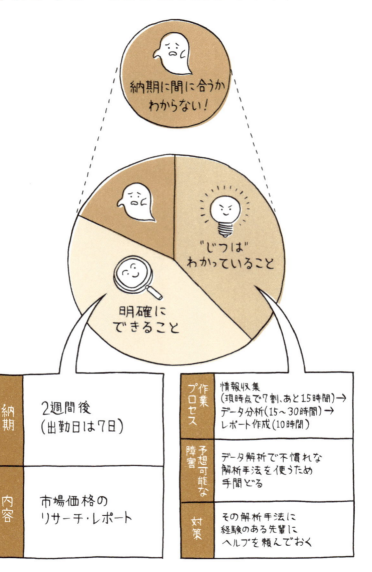

と」や「〝じつは〟わかっていること」を取り出して、〝わからない〟領域を減らすことがポイントです。

「残業せずに帰って、納期に間に合うかが不安で心配……」という例で考えてみましょう。

「明確にできること」を取り出す

「納期に間に合うかわからなくて不安」という中から、まずは「明確なこと」を取り出していきます。

- **納期はわかっている**
- **仕事の内容も決まっている**

このあたりは取り出せそうです。

「〝じつは〟わかっていること」を取り出す

作業のプロセスを書き出してみましょう。そうすれば、やるべきことが自分の中で整理できて、わかる領域が増えそうです。

そして、それぞれのプロセスでかかりそうな時間の目安をつけます。時間の目安がたつと、納期までのスケジュールや見通しがたてられます。

予想される障害やトラブルなども、書き出してみることができそうです。それがわかれば、防ぐための対策を考えておいたり、バッファのための時間を確保しておくことができます。

ここまでくれば、「納期に間に合うかわからない」と最初に漠然と不安に思っているときよりずっと、〝わかる〟ことが増えているはずです。

このあとは、〝わかった・明確にできた〟ことをもとに、とることのできる具体策をどんどん進めていきます。

先ほど、不安になったときにやってしまいがちなことを紹介しましたが、「明確にできること」「〝じつは〟わかっていること」に対しては、「放っておく」「なかったことにする」という対処がNGです。不安がますます膨らんでいってしまいます。そして、不安が膨らむと、人はさらに行動できなくなってしまいます。

たとえば、ミスを上司に報告するとき。

「厳しく言われるんじゃないか?」

「評価が下がるんじゃないか?」
「仕事を取り上げられるんじゃないか?」

こんなふうに不安をむくむくと膨らませると、上司に報告に行くのを先延ばしにしたくなってしまいます。けれど、実際に行ってみたら、上司の反応はあっけらかんとしたものだったりします。

ほかにも、これまでに経験のない仕事を指示されたとき。

「自分にはうまくできないんじゃないか?」
「すごく時間がかかるんじゃないか?」
「面倒な作業なんじゃないか?」

こう考えると、取りかかるのがおっくうになります。

「気が重い」「憂うつ」で仕事にとりかかることができない、という場面は案外多いものです。不安が膨らみに膨らんだときだけでなく、自分が苦手な作業や、嫌いな仕事に取りかかる前にも似たような状態になります。そんなときには3つのことが役立ちます。

①最初の一歩をスモールステップにする

たとえば、それが企画書を書く作業だとしたら、「まずは、企画書のフォーマットを作る」ことだけをする。こんなふうに、「それなら始められる」という小さなサイズにするのです。

②その作業を終えたあとのことをイメージする

その作業を終えたら自分がどんなに気が楽になるか、スッキリするかをイメージして、一歩踏み出すモチベーションにするのです。

③作業を終えたときの「ごほうび」を用意しておく

とっておきのワインを開ける。普段は手を出さない高級スイーツを食べる。どんなことでもOKです。とはいえ、作業が進んだときの、「ちょっとでも進んだ！」が何よりのごほうびだったりするのですが。

話がそれましたが、必要以上に不安を膨らませる前に分類して、これらのコツを活用して、えいやっと行動してみましょう。取りかかってみると、これまでの経験が活かせて、予想以上にさくさく進んでいく場合も多いものです。

「〝本当に〟わからないこと」も書き出す

もちろん、どうやったって「〝本当に〟わからないこと」もあります。それも書き出してみましょう。

・まったくの想定外なトラブルが起こる
・自分の裁量の範囲外で方針が変わってしまう
・次の打ち合わせで、取引先からどんなフィードバックが返ってくるか

このあたりは、未知数ですね。

「〝本当に〟わからないこと」に対しては、やみくもに不安をなくそうと行動するという対処がＮＧ！　「〝本当に〟わからないこと」は、手放すしかありません。

「どうやったって、私たちにはわからないことがある」

そのことを知っておく必要があります。明日の天気ひとつとってもそう。「明日晴れるかな？」「雨が降ったらどうしよう？」と悶々と考え続けても、あらゆる天気予報サイトを調べて見比べたとしても、天気が確実に晴れるわけではなく、不安が消えることはありません。この領域については、「今の時点では」なるようにしかならないと割り切るしかありません。「わかる領域に入ってきたら対応しよう」そう考えて、いったん手放しましょう。

不安が自分の能力や性格に関わる場合は、気持ちをだれかに受け止めてもらう

ここまで、「不安をカテゴリ分けして書き出して、見える化する」という方法を紹介してきましたが、この方法をすぐに使うのが難しいこともあります。それは、自分の能力や

性格に関わる不安の場合です。たとえば、次のような不安。

「最新の技術や知識をもった後輩が入ってきた。仕事の面では助かっているけれど、自分はこのままでいいんだろうか。今はまだなんとかなっているけど、5年後、10年後を考えたら……。けど、今は仕事も忙しいし、余裕もない。またそのうち考えよう……」

人は、自分のことが一番よくわからないもの。こんな不安の場合、自分のマイナスなところにばかり目が向いていて、視野も狭くなってしまっています。

自分のマイナスなところに向き合うのって、だれだってツライ。ほかの場面以上に「なかったこと」にしてしまいがちです。けれど、不安は消えずに、モヤモヤは続きます。しかも、5年後、10年後にいよいよ手を打たなければならなくなったときには、時すでに遅し。手を打つ労力も倍増してしまいます。

こんなときは、だれかに話して、「それは不安だよね」「心配な気持ちになって当然だよ」と、不安な気持ちを受け止めてもらうことが、次のステップへ背中を押してくれます。人が話をするとき、その中には「事実」「考え」「気持ち」の3種類の情報が入っています。仕事を進めるうえでは、事実を知ってもらうことも、考えを理解してもらうことも大事です。けれど、何より「気持ちをわかってもらえた」と感じたときに、人は意欲やエネルギーが湧いてくるものなのです。不安なときも、その気持ちを受け止めてもらえると、

「苦しいけど、ちょっと向き合ってみようかな」

と勇気がわいて、次に進むことができるようになります。

最初から、不安まるごとと向き合わなくても、大丈夫。まずは、不安な気持ちを感じている自分に気づくだけでも十分です。「今の自分の知識と技術じゃ5年後についていけなくなっちゃうかもしれなくて不安」という気持ちがあることを受け止められるようになったら、少しずつ、先ほど紹介した「見える化」するステップに入っていけばいいのです。そこまでいけば、不安に向き合うことが怖かったときより、ずっと落ち着いた気持ちで毎日を過ごせるようになるはずです。

☑ 会話に含まれる3つの情報

最新の技術や知識をもった後輩が入ってきた。
仕事面では助かっているけれど、
自分はこのままでいいんだろうか。

1 事実

「最新の技術や知識に追いついていけていない」など事実としての事柄

2 考え

「自分はこのままでいいんだろうか」などの考え

3 気持ち(感情)

「不安、心配、焦り」などの気持ち

気持ちを受け止めてもらえると、「わかってもらえた」と感じて、
楽になり、意欲がわいて前に進めるようになる
思い切って、気持ちをだれかに話してみるのもおすすめ

「不安のおかげで、仕事で成果を出せている」と捉えてみる

不安になりやすい人から見ると、ポジティブシンキングのできる楽観的な人がうらやましく見えることがあります。

「あの人みたいに『まあ、なんとかなるって』『大丈夫、大丈夫』なんて思えたらいいのにな」

と。ポジティブシンキングのほうがよさそうで、不安で悲観的なほうが損をしているように見えたり。

ただ、ポジティブシンキングにも罠があります。「なんとかなる」と根拠なく楽観的に考えて、とれるはずの対策をとらず、トラブルに……ということも。普段の生活でも、「大丈夫、大丈夫」と車でスピードを出しすぎて事故を起こしてしまったり、「自分は絶対に大丈夫！」と根拠のない自信で賭けてすっからかんになってしまったり……。ポジティブ

シンキングが必ずしもいい結果をもたらすとは限りません。

不安になりやすい人は、不安をアラートとしてうまく活用して対策を打てば、高いパフォーマンスを出せるといわれています。これは、心理学用語で、対処的悲観性(Defensive Pessimism)と呼ばれています。対処的悲観性がうまく機能するには、自分の「不安になりやすい」特性を嫌がらず、「自分の役に立ってくれている」と受け入れることが大切だという研究結果があります。

「不安のおかげで、仕事で成果を出せているんだ!」

そう考えて、うまく不安と付き合っていきましょう。

☑ 不安のおかげで成果を出せる

COLUMN

リモートワークでは「妄想」せず、「発信」することが大事

会社のオフィスに出社せず、自宅やレンタルオフィスなど、会社から離れた（リモート）場所で業務をする勤務形態がリモートワークです。リモートワークを推進する企業、だいぶ増えてきたのでは？　リモートワークによって、どんな感情が起こりやすくなるでしょうか。

- **メールをしてきた相手の「意図」が読めない**
- **同僚の仕事の「キリのいい」ときがわからない**
- **上司に相談・報告するタイミングが読めない**
- **余裕のない顔をしている同僚がいるかどうかわからない**

私たちが、同じオフィスで働いているときは、様子や顔色を「うかがって」推し測っています。リモートワークでは顔が見えない分、「わからない」ことが増えていきます。

「わからない」ということは、どんな感情が増えるか？

感情の方程式（どんなときに、どんな感情が起こるか）を知っていればかんたんですね。

そのとおり、答えは「不安」です。

「だから、リモートワークがダメ」とか、そういうことではありません。むしろ、労働人口は減っていき、働き方が多様になって、そうしないとまわらなくなっていくでしょう。

それに、私たち、すでにけっこう〝リモート〟ワークしていたりします。

・上司が2部署を兼務で、普段は違う階にいる
・上司は東京にいて、顔を合わせるのは出張に来たときだけ
・出張ばかりで、上司はほとんどオフィスにいない
・メンバーみんな客先をまわっていて、すれ違い生活

もしかしたら、同じオフィスにいるのに、隣の人がなにやってるかわからない、心理的〝リモート〟ワーク状態もあるかもしれません。

リモートワークするうえで大事なこと。それは、「妄想」しないこと、そして、きちんと「発信」することの2つです。

「妄想」しない

リモートワークのコミュニケーションツールは、メール、チャット、音声通話、テレビ通話などいろいろあります。いちばん「妄想」のリスクが高いのは、メールです。

> 福島くん
>
> 先日のシステムエラーの件、
> 次の部長会のときには出社して、
> 説明をお願いします。
>
> 内海

このメールを見て、こんな妄想を繰り広げちゃったらアウトです。

「内海課長、もしかして、めちゃめちゃ怒ってる?!」
「俺、部長たちの前で謝らされるの？」
「この件、全部俺のせいにしようとしてるんじゃ……？」

よく、「行間を読みましょう」なんて言うけれど、相手がどんな意図なのかを汲もうとするのはいいですが、妄想レベルはダメです。行間を妄想で穴埋めしていては、現実世界とかけ離れたところにいってしまいます。気になることがあれば、この章で「あえてそのまま口に出してみましょう」とお伝えしたように、相手の意図や状況を確認するための「発信」をしてみましょう。

そのために、1丁目で紹介したDESC法も活用できます。

D **今回のシステムエラーは、〇〇の箇所で起きて、××の影響がありました。**

E **前任者との引き継ぎで曖昧な箇所があったために起きたことで、申し訳なく思っています。**

S **部長会で、添付のとおり、説明申し上げたいと思いますが、よろしいでしょうか？**

C ほかの対応や、付け加える点などあれば、指示お願いいたします。

こんな感じで、すぐにメールを返す、電話して聞くなどすればOKです。

「発信」する

リモートワークのツールの中でも、電話にすれば声のトーン、テレビ通話になれば表情やジェスチャーが加わりますが、メールはテキストのみの情報なので、非言語的な要素が抜け落ちがちです。対話のうち、言葉によって伝えられるのが35％ほど、残りの65％はジェスチャーや表情、声のトーンという心理学の研究結果があります。実際には、「非言語情報で、テキストの意味を補っている」イメージです。

「大丈夫です」

同じフレーズでも、余裕のない表情で低いトーンで言われるのと、笑顔で高いトーンで言われるのとでは、受け取る意味が変わってきます。リモートワークでは、「非言語」の情報をいかに意識して「発信」するかが大事です。

こちらの「発信」は、自分の状況・状態を発信することです。

「相手を読もうとするよりも、相手が妄想しないですむように発信する」

お互いがそうできることがベストです。

仕事をしていて、不安、つらい、落ち込む——そんなときがあるのは自然なことです。

そういうときこそ。

「期限内に終わらせられるか不安です」

「ちょっとキャパオーバーでしんどくなってきてます」

「前回のミスをひきずって、落ち込んじゃってます」

こんなふうに「発信」しましょう。

微妙なニュアンスを伝えるには、絵文字も便利です。

「大丈夫です^^;」

「大丈夫です😊」

なので、仕事のメールでも絵文字OKにする。
雑談用のチャットのスレッドもうけておく。
音声通話やテレビ会議のツールやモニターは、音声や映像の鮮明なものを使う。
（もし、自社のツールが不鮮明であれば、話す内容などセキュリティに気をつけつつ、週に5分ほどは、ZoomやSkypeといったツールでお互いの様子を知り合うのもアリです）

こんな非言語情報を補う工夫も、「わからない」「不安」を減らしてくれます。

余談ですが、私が講師として関わる講座で、1つのチームのファシリテーションを担当する機会がありました。メンバーは4人。普段はそれぞれ栃木、神奈川、長野、大阪で仕事をしています。毎週末の決まった時間に、1時間のLINEグループ会議でプロジェクトを進めていました。

その会議を覗いてみると……ある人は片手に缶酎ハイを、ある人はスナック菓子を。そんなゆるい雰囲気の会議。でも、だからこそ。

「この間見たテレビで、こんなこと言ってて」
「関係ないかもしれないけど、おもしろい話聞いたんだよね」
「え、何それ。プロジェクトに使えるかも！　今度東京出張のとき、行ってみようかな」

一見プロジェクトには関係のない話から、ブレイクスルーが生まれたり。お互い刺激しあう時間になっていました。1時間が終わるころには、すっかりモチベーションも上がって、「よし、来週もがんばろう」そんな空気になっていました。

こんな〝ゆるさ〟のあるコミュニケーションも、リモートワークの秘訣かもしれません。

おわりに

感情とうまく付き合うための4つのコツ

この本を書き進めるうちに、どの感情にも共通する、うまく付き合うためのコツが４つあることが見えてきました。

①その感情の意味や役割を知る
②感情を抑えこまずに、感じる
③自分のいる状況を俯瞰する
④感情がくれる手がかりに合わせて行動する

この４つは、今ふりかえってみると、感情というものにピンときていなかったのに「怒り」をテーマに博士論文を書いた私が「感情」に魅了されていったプロセスで経験したことそのものでした。

当時の私は、自分では気づいていませんでしたが、「怒りを抑えこむ」という問題を抱えていました。「そんなことがあって、腹が立たないの？」と友人に言われてもピンとこない。まわりからは「いつも落ち着いているね」と言われていましたが、何をしていても、自分ごとじゃないようで、真剣になれない。そんな感覚がありました。研究や仕事は一生懸命やっていたし、むしろまわりからは充実しているように見えていたと思います。けれど内側では、痛みを感じることもないけれど、飛び上がって喜ぶこともない……うっすらと膜に包まれたまま人生を過ごしているような感じでした。

怒りをテーマに選んで文献や論文を読む中で、怒りという感情がもつ意味や役割を知りました。怒りにも意味があること、そして「自分の大切なものが傷つけられたときにそれを守る」役割があるということを知ったおかげで、「怒りを感じるのは悪いことではないんだ！」と思えるようになりました。どこかで、「怒りを感じるのはよくないこと」「怒りを外に出すなんてみっともない」と思い込んでいたのが、少しずつ「怒りを感じる自分」を受け容れられるようになっていったのです。それだけでも、膜がとれたようなすっきり感があり、楽に過ごせるようになりました。

それから、普段の生活の中で腹が立ったり、イライラすることがあっても、怒りを手がかりにして、「これだけ腹が立つということは、何か自分の大事なものが傷つけられているんだな」と自分の状況を俯瞰的に見ることができるようになりました。わけもわからずイライラが続く、そんな自分が嫌だ……というモヤモヤした状態に陥ることがなくなりました。

俯瞰的に自分の状況を見ることができるようになると、溜め込んだ挙げ句にプッツンというように「怒りのままに衝動的に行動する」ということも減り、関係を壊さないやり方で、自分の気持ちを相手に伝えたり、大事なものを守るための行動がとれるようになりました。行動が変わったことで、「怒りをうまく扱えないから人に近づけない」という問題が解消され、信頼し合える親密な関係を築くことができるようになっていきました。そして、感情とうまく付き合うことができるようになってきた自分自身に自信ももてるようになりました。

このように、「怒りという感情の意味」を知ったことは、私にとって人間関係を、そして、人生を大きく変える転機になりました。そして、「感情ってすばらしい！」と、すっかり虜に。今では、自分の人生はすっかり自分ごと。本気で怒ることもあれば、本気で落ち込むこともあります。同じくらい、飛び跳ねたくなるほどうれしいと感じることも、喜びを感じることもあります。

「強い感情が起きても大丈夫、味方にできる」

今は、そう思えます。

私はたまたま心理学を専攻して、博士論文で怒りをテーマとして選びましたが（必然だったのかもしれませんが）、そうでもない限り、「感情の意味」について知る機会はありません。だから、この本には「感情を味方にできる！」と思えるようになるためのヒントをたくさんちりばめました。

もし5つめのコツを付け加えるとすれば、「自分にやさしく」ということ。「怒りを感じるなんてよくない」というところから、「怒りを感じてもいいんだ」と怒る自分をやさしく受け容れられたことで変化が加速した経験から、「変化は、そのままでいいと受け容れるところから始まる」。自信をもって、そういえます。本書をきっかけに、「そういうことだったんだ！」「これ試してみよう！」とスッキリしてもらえますように！

最後に、大学院時代に感情のすばらしさを教えてくれた堀越勝先生、体験的に今なお教え続けてくれている岩壁茂先生、そして、産業精神保健について研究のことから現場のことまで教えていただいている川上憲人先生に、心からの感謝を伝えたいです。

そして、1年間伴走してくださった担当編集者の傳智之さんには感謝してもしきれません。傳さんが日々発信する

『本気出す』　原稿見たら　信じるよ
プレミアムフライデー→プログレスハヤイデー

をはじめとする進捗ポエムに、ソワソワ不安になったり、原稿が思うように進んでいないと落ち込んだり、くすっと笑わせてもらって励まされたり、「そうそう！」という感覚を共有できて楽しくなったり。たくさんの感情とともに進んできました。
そうして今、この本を送り出せることを、飛び上がりたいほどうれしく思っています。

2018年桜の咲く頃　父と母のいる福岡の実家の居間にて

関屋裕希

関屋裕希《せきやゆき》

臨床心理士。博士（心理学）。東京大学大学院医学系研究科精神保健学分野客員研究員。早稲田大学第一文学部心理学専修卒業、筑波大学大学院人間総合科学研究科発達臨床心理学分野博士課程修了後、2012年より現所属にて特任研究員として勤務。2015年より現プロフィール。専門は産業精神保健（職場のメンタルヘルス）であり、おもに認知行動アプローチを活用した、従業員や管理監督者向けのストレスマネジメントプログラムの開発に従事。業種や企業規模を問わず、ストレスマネジメントに関する講演、企業の組織的なストレス対策に関するコンサルティング、執筆活動をおこなっている。中小企業から大手企業、自治体、学会でのシンポジウムなど、これまでの講演・研修、コンサルティングの実績は、3000名以上。研究活動では、現場で活用しやすい教育プログラムでありながら、エビデンス（科学的根拠）に基づいたアプローチを取り入れている点が特徴。臨床心理士として、精神科クリニック、小中高のスクールカウンセリングでの個人カウンセリング経験があり、現在も、企業内健康管理室にて個人カウンセリングを担当する経験から、組織的視点と個別的視点の両方をもちあわせている。

【ホームページ】http://sekiyayuki.strikingly.com/
【Facebook】https://www.facebook.com/yuki.sekiya.37
【メール】syuki-tky@umin.ac.jp

装　丁	石間 淳
カバー・本文イラスト	白井 匠（白井図画室）
本文デザイン・DTP	小林麻実 、清水真理子（TYPEFACE）
編　集	傳 智之

累計
17万部

『職場の問題地図』はじめ問題地図シリーズから生まれた

働き方改革の最終兵器！

人気声優・戸松遥さんによる
読み上げ音声もダウンロード可能

**職場の問題かるた～
"言える化"してモヤモヤ解決！**
沢渡あまね 作、白井匠 イラスト

四六判／144ページ
定価（本体2,480円+税）
ISBN 978-4-7741-9193-5

みんなが思っている、けれどなかなか口に出せない職場の問題を
「あ」から「ん」までのかるたに整理。
「本音を言いづらい……」という空気も、ゲーム感覚で"言える化"すれば、
解決策がどんどん導き出せるようになります。

別冊子では、問題の解決策もギュッと凝縮しました。
部署に1個、グループに1個用意すれば、チームの生産性が劇的に改善！

お問い合わせについて
本書に関するご質問は、FAX、書面、下記のWebサイトの質問用フォームでお願いいたします。電話での直接のお問い合わせにはお答えできません。あらかじめご了承ください。ご質問の際には以下を明記してください。
・書籍名　・該当ページ　・返信先（メールアドレス）

ご質問の際に記載いただいた個人情報は質問の返答以外の目的には使用いたしません。お送りいただいたご質問には、できる限り迅速にお答えするよう努力しておりますが、お時間をいただくこともございます。なお、ご質問は本書に記載されている内容に関するもののみとさせていただきます。

問い合わせ先
〒162-0846　東京都新宿区市谷左内町21-13
株式会社技術評論社　書籍編集部「感情の問題地図」係
FAX：03-3513-6183　Web：https://gihyo.jp/book/2018/978-4-7741-9789-0

感情《かんじょう》の問題地図《もんだいちず》

～「で、どう整《ととの》える？」ストレスだらけ、モヤモヤばかりの仕事《しごと》の心理《しんり》

2018年7月25日　初版　第1刷発行
2018年8月25日　初版　第2刷発行

著　者　関屋裕希
発行者　片岡巌
発行所　株式会社技術評論社
東京都新宿区市谷左内町21-13
電話　03-3513-6150（販売促進部）　03-3513-6166（書籍編集部）
印刷・製本　株式会社加藤文明社

定価はカバーに表示してあります。
本書の一部または全部を著作権法の定める範囲を超え、無断で複写、複製、転載、テープ化、ファイルに落とすことを禁じます。

©2018　関屋裕希

造本には細心の注意を払っておりますが、万一、乱丁（ページの乱れ）や落丁（ページの抜け）がございましたら、小社販売促進部までお送りください。送料小社負担にてお取り替えいたします。

ISBN978-4-7741-9789-0　C0036
Printed in Japan